W0033828

Peter Ensikat

Wo der Spaß aufhört

Satiren aus 20 Jahren

Eulenspiegel Verlag

Inhaltsverzeichnis

STATT EINES VORWORTES

Wieso die Leute über mich lachen

Also, dass die Leute über mich lachen, das verstehe ich ja. Aber dass sie auch über meine Texte lachen, wenn sie mein ratloses Gesicht dazu gar nicht sehen, das verstehe ich schon weniger. Ich bin nämlich ein deutscher Spaßmacher, und das heißt: Ich meine fast alles ernst, was ich schreibe. Satire beginnt, wo der Spaß aufhört. Also wundert es mich auch nicht, wenn manche Leute über mein Zeug gar nicht lachen können. Und wenn sie sich manchmal sogar darüber aufregen, dann ist mir das auch recht. Nur dass sie sich langweilen, will ich nicht.

Die Leute aufzuregen, das ist in der marktwirtschaftlichen Freiheit viel schwieriger, als es in der sozialistischen Demokratie war. Damals genügte es, das Wort Demokratie komisch auszusprechen, und fast alle lachten. Oder sie regten sich auf, weil sie allein bestimmen wollten, was noch demokratisch und was schon antisozialistisch war. Nicht zur sozialistischen Demokratie gehörte es, eine andere Meinung zu äußern als die allein richtige, die von der Partei vertreten wurde. Es war schon fast ein Kunststück, mit Satire keinen Ärger zu bekommen.

Wenn uns das aber doch mal passierte, dann fragten wir uns sofort, was wir falsch gemacht hatten. Aber meist war die Frage noch gar nicht ausgesprochen, da trat der erwartete Ärger ein. Es reichte ja, dass ein empörter Zuschauer der Partei eine Eingabe schickte. Was in den sechziger Jahren die Partei noch organisieren musste – die

Empörung der Zuschauer –, das tat der parteiliche Zuschauer der siebziger und achtziger Jahre schon aus eigenem Antrieb. Revolutionäre Wachsamkeit nannte man das, was da überall lauerte, wo die ideologische Friedhofsruhe gestört werden konnte. Heute kriegt man als Kabarettist kaum noch Ärger. Heute kriegt man allenfalls schlechte Kritiken und soll sich dann darüber auch noch selbst ärgern.

Als zu unserem letzten Distel-Programm in allen Berliner Tageszeitungen ausnahmslos gute Kritiken erschienen, fragten wir uns allerdings auch, was wir denn falsch gemacht hätten. Denn auch in der Freiheit kann ja wohl nicht Satire sein, was allen gefällt. Satire war und ist zwar immer auf Missverständnisse angewiesen, weil sie ja von denen bezahlt wird, die sie angreift, wenn man aber von allen so freundlich missverstanden wird, muss man sich schon fragen, woher dieses Missverständnis kommt.

Inzwischen ist nun aber mit einiger Verspätung der erste Totalverriss erschienen. Wir können also das Programm beruhigt weiterspielen. Über einen kritischen Einwand, der meist, aber nicht nur aus dem Westen kommt, freue ich mich besonders: Worüber die sich im Osten noch aufregen können – das ist doch längst gegessen! Nun beginnen wir aber gerade erst, diese uns neue Demokratie zu verdauen. Und wenn wir angesichts von des Kaisers neuen Kleidern erstaunt rufen: »Aber der hat ja gar nichts an!«, dann mag das für viele naiv klingen. Ich mag mich nun mal mit vielen nackten Tatsachen, auch wenn sie noch so alt sind, nicht abfinden.

Als mir vor Jahr und Tag bei der öffentlich-rechtlichen Abnahme eines Textes gesagt wurde, er sei zwar gut und richtig, aber so was könne man natürlich nicht senden, da äußerte ich mein Unverständnis. Die weithin als ganz links beleumundete Fernsehdame sagte darauf triumphierend: »Ja, ihr denkt eben immer noch, ihr wärt in die Freiheit gekommen! Dem ist aber nicht so.« Nicht so sehr störte mich, dass ich nun die Grenzen der Freiheit sehen musste – von denen ahnte ich doch zumindest schon –, aber dass man stolz darauf ist, sie zu kennen, statt sich zu schämen, dass man nicht den Mut hat, sie zu übertreten, das macht mich doch etwas betroffen. Wir haben uns für unsere Schande wenigstens noch geschämt. Aber nun müssen wir wohl alle Scham ablegen und stolz darauf sein, dass es bei uns nicht so schlimm ist wie anderswo. Denn in unseren Kabarettkellern und -dachböden herrscht ja wirklich Freiheit.

Und im Zuschauerraum sitzen oft genug die Leute, die wir meinen. Aber sie sind nicht so dumm, das zu merken. Denn was sich heute so im Zuschauerraum eines Kabaretts trifft, gehört ohnehin zu dem zwar kleinen, aber durchaus nicht unbedeutenden Teil der Menschheit, der weiß, dass er ihr besserer Teil ist. Denn er hat doch zumindest eingesehen, dass es so nicht weitergehen kann, wie es leider doch immer weitergeht, weil die anderen nicht aufhören wollen, so weiterzumachen. Da kann man selber zwar auch nichts machen, aber man kann doch wenigstens klüger sein. Und allein schon dieses Gefühl, klüger zu sein als der große dumme Rest, schafft diese wunderbar überlegene Atmosphäre der inneren Übereinstimmung im Kabarettpublikum.

Dass die Kabarettisten auf der Bühne zu diesem besseren Teil der Menschheit gehören, versteht sich von selbst.

Und sie sagen es ja auch deutlich genug, wenn auch mit diesem komischen Augenzwinkern, das alles so lustig sein lässt. Wir stellen uns zwar manchmal dumm, aber nur weil wir zu klug sind zuzugeben, wofür wir unsere Narrenweisheit halten – für die wirklichste aller wirklichen Weisheiten. Nein, wir tun nicht überlegen. Wir sind es.

Als mir zu DDR-Zeiten einmal diese kabarett-typische Besserwisserei vorgeworfen wurde, verteidigte ich mich damit, dass ich sagte, ich wüsste nichts besser, aber fast alles anders. Das sagte ich so dahin, wie man eben manchmal seine Weisheiten so unbedacht von sich gibt, ohne zu überlegen, ob nicht vielleicht doch etwas dran sein könnte. Anderswisserei allerdings war damals bei uns genauso verpönt wie Besserwisserei, und meine schöne Ausrede nützte mir nichts.

Je länger ich darüber nachdenke, desto wahrscheinlicher finde ich das mit dem Anderswissen. Ein von mir regiertes Land wäre vermutlich unbewohnbar. Auch das habe ich schon zu DDR-Zeiten zugegeben und bleibe dabei, weil ich ziemlich sicher bin, dass niemand von mir erwarten wird, dass ich das erst noch beweise. Ich muss doch gar nicht erst regieren, um diese Welt unbewohnbar zu machen. Ich fürchte, das schaffen wir auch ohne mich.

Es reicht mir, die Welt, wie ich sie sehe, zu kommentieren, auch wenn ich damit nichts verändere. Von meinem Menschenrecht auf Irrtum habe ich bereits reichlich Gebrauch gemacht. Meine Irrtümer allerdings hatten, soweit ich das übersehe, nicht so furchtbare Folgen wie die Irrtümer derer, die bis heute überzeugt sind, dass sie nicht irren, und also ihre Menschenversuche, die sie Realpolitik nennen, an uns Lebenden fortsetzen.

Wir Satiriker treiben ja nur mit dem Entsetzen Spaß, das sie uns allen bereiten. Ein vergleichsweise harmloser Beruf, verglichen mit dem der großen Vordenker. Ich finde, es ist Zeit, endlich mal mit dem Nachdenken anzufangen, denn es kommt sehr wohl darauf an, diese Welt erst mal zu interpretieren, bevor man sie verändert.

Satiriker übrigens sind fast immer und fast überall systemerhaltend. Beleidigte Idealisten hat man sie mal genannt, und weil die Wirklichkeit nun mal für jedes Ideal eine Beleidigung sein muss, deshalb macht unser Beruf nicht nur lächerlich, er ist es natürlich selbst auch. Leute, die nie einsehen wollen, dass alles so ist, wie es eben ist, machen sich irgendwann lächerlich. Früher konnte ich mich mit der DDR nicht abfinden, heute will ich mich mit der Bundesrepublik nicht abfinden. Unsereins sehnt sich einfach danach, unrecht zu haben.

Als ich noch Student war an der Leipziger Theater–hochschule, saß ich einmal mit zwei bereits verheirateten Mitstudenten und deren Frauen in einer Kneipe. Die eine der Frauen war schwanger, die andere hatte gerade ihr Medizinstudium begonnen. Die Medizinstudentin wies die Schwangere auf die enormen Gefahren ihrer Schwangerschaft hin. Ihre medizinischen Kenntnisse gipfelten in dem Satz: »Als Schwangere stehst du sowieso schon mit einem Fuß im Grabe.«

Wir medizinischen Laien waren fassungslos, die Schwangere brach in Tränen aus, und schließlich sahen alle betreten zu Boden. Da wies der Ehemann seine Medizinsachverständige zurecht: »Das stimmt ja alles, was du sagst, aber so was sagt man doch nicht, wenn eine Schwangere dabei ist.« Die erste, die lachte, war die Schwangere. Aus der Schwangeren wurde wenige Wochen später die glückliche Mutter eines gesunden Kindes. Die Medizinerin brach ihr Studium nach ziemlich kurzer Zeit ab. Hätte ich mit meinen ganz und gar unmedizinischen Schwarzsehereien nur einmal so unrecht gehabt wie die unglückliche Medizinerin, ich wäre heute vielleicht ein unglücklicher Satiriker, aber ganz sicher auch ein glücklicherer Mensch.

Ein Revolutionsmärchen

Liebe Kinder und Kindeskinder! Liebe Enkel und Ur-
enkel!

Es war einmal eine deutsche Revolution. Eine Teil-
revolution. Denn sie fand nur in jenem Teil des Landes
statt, in dem das Unrecht geherrscht hatte. Im anderen
Teil brach darob eine ungeteilte Begeisterung aus, die
zuerst der fremden Revolution, dann dem eigenen Rechthaben galt.

Während die Revolutionäre noch ein wenig trun-
ken den Sieg über das eigene Unrecht feierten, hielt das
fremde Recht ganz nüchtern bei ihnen Einzug. Sie mussten es nicht einmal rufen, weil es nicht ein so scheues Reh
war wie etwa das Kapital. Und siehe, die tapferen Revolutionäre fürchteten sich gar sehr vor dem neuen Recht.
Aber sie konnten es nicht aufhalten, denn sie waren müde
vom Kämpfen und Staunen über ihren Sieg.

Die Zaungäste aber hatte das Spektakel erst so richtig
munter gemacht. Wie gesagt, es war eine deutsche Revolution, und bei deutschen Revolutionen obsiegen am
Ende immer die Zuschauer. Revolutionäre machen nur
Dreck. Politiker aber räumen ihn weg und ab. Und wenn
sie nicht von selbst gestorben sind, dann wählen wir sie
noch heute.

Wir sind nur einmal wir selbst gewesen.
Novembertage sind so kurz.
Schon im Dezember warn wir genesen,
und heute ist uns alles schnurz.

Wir sind nur einmal so doof gewesen.
Wir leben heute oder nie.
Denn für die D-Mark
sind Träume eh Quark.
Und Hoffnung ist nur Utopie.

Wir sind integer,
wir weißen Neger –
wir Eingebornen dieser Kolonie!

(1990)

Genosse Trend, geh du voran

Was in der DDR einst seinen sozialistisch schleppenden Gang ging, das wird nun in der freien Marktwirtschaft endlich auf Vordermann gebracht. Die Demokratie hielt Einzug im Beitrittsgebiet und fand genauso viele Anhänger vor, wie das alte SED-Regime verloren hatte. Der Wandel erfolgte durch schlagartige Annäherung. Aus den objektiven Gesetzmäßigkeiten der Diktatur wurden die Sach-zwänge einer Demokratie, die noch gar nicht da war, als wir sie schon von ganzem Herzen begrüßt hatten. Wir – das sind die ehemaligen Mitglieder eines ehemals sozialistischen Kollektivs, die nichts zu verlieren haben als ihre Vergangenheit. Und dann handelt es sich nur noch um eine ehemalige Vergangenheit.

Wie uns die Geschichte lehrt,
war, was gestern war, verkehrt.
Drum suchen wir jetzt unser Heil

im geraden Gegenteil.
Wir wandelten uns ganz sublim
vom Kollektiv zum freien Team.

Von der ganzen Diktatur
blieb bei uns nicht eine Spur.
Ein jeder Mann in diesem Staat
ist jetzt deutscher Demokrat.
Und keine Spur mehr vom Regime.
Genossen, wir sind jetzt ein Team.

Es bedarf nur eines Winks,
und schon sind wir nicht mehr links.
Die Freiheit ruft. Wir stehen stramm
als befreiter deutscher Stamm.
Und keiner liegt bei uns mehr schief.
Ein Team ist auch ein Kollektiv.

Gelernt ist eben gelernt, und was Hänschen gelernt, verlernt Hans nimmermehr. Aus den verachteten Untertanen eines ebenso verachteten Terrorregimes wurden die freien Mitläufer einer freien Welt, in der es der freien Entscheidung jedes Einzelnen überlassen bleibt, ob er mitläuft oder auf der Strecke bleibt.

Zur Demokratie muss man uns nicht zwingen wie einst zur Diktatur. Mag auch der Aufschwung Ost noch nicht so recht gelingen, das Mitlaufen Ost – endlich als ideologiefreie Disziplin jedem zugänglich – beherrschen wir wie unsere demokratietrainierten Brüder und Schwestern, die seit jeher völlig zwanglos mitlaufen, wo-hin sie ihre Demokratie auch führt. Dass es jetzt mehrere Parteien gibt, denen man sich anschließen kann, irritiert uns viel weniger als die Erkenntnis, dass man in der Freiheit so gut anwenden kann, was man unter der Diktatur an Fähigkeiten gewonnen hat.

Ehemalige Spitzenmitläufer wie Günther Schabowski laufen uns schon wieder voran, er, dem einst der Sprung in die oberste Mitlaufzentrale der ehemaligen DDR gelungen war, ins Politbüro. Wie sich jetzt herausstellt, war ja unsere vorderste Spitzengruppe auch nur mitgelaufen. Und hätte Honecker nicht seinen Vordermann in Moskau verloren, alles könnte noch laufen, wie es halt lief. Für Mitläufer ist nicht die Richtung entscheidend, sondern der Vordermann. Vordermann verloren, alles verloren.

Als Gorbatschow seinem Honecker davonlief, hielt dieser sich zeitweise selbst für den Vordermann und lief – von seiner plötzlichen Führungsrolle überwältigt – zuerst dem ihm noch folgenden Politbüro davon und dann seinem ans gemächliche Mitlaufen gewöhnten Volk. Schließlich wusste das Mittelfeld nicht mehr, wo die Spitzengruppe lief, hatte sozusagen den Anschluss verloren und suchte verzweifelt Anschluss an eine neue Spitzengruppe. So kam es zum Anschluss nach dem Artikel 23.

Jetzt läuft wieder alles. Wir sind längst wieder auf Vordermann gebracht. Und dieser Vordermann gerät uns so schnell nicht aus den Augen. Dafür sorgt er mit allen Meinungsumfragen, die er haben kann. Er schaut, wohin der Hase läuft und bringt sich dahin immer wieder in Führung. Ja, er führt jetzt endlich die Mehrheit ganz demokratisch dorthin, wo er sie findet. Die ganze Richtung ist ihm egal. Hauptsache ist, dass er führt. Als er einst die Mehrheit im Westen zu verlieren drohte, führte er

das deutsche Volk dahin, wo er diese Mehrheit wieder-
fand – in die Einheit.

Und nun läuft also endlich zusammen, was zusam-
mengehört, der freie deutsche Einheitsmitläufer, dem das
Ziel nichts, das Mitlaufen alles ist. Der Schritt vom kollek-
tiven Einheitstrott zum individuellen Anpassungslauf ist
für uns keine Hürde.

Mit uns zieht die neue Zeit, wie wir einst mit der alten
Zeit gezogen sind. Wir ziehn immer mit und begrüßen
in einmütiger Geschlossenheit diese neue Zeit mit dem
Uralt-Genossen Trend an der ewigen Spitze. Uns muss
man nicht mehr sagen, was wir sollen, sondern nur, was
wir wollen. Und wo ein Wille ist, da findet sich auch ein
Weg zum Mitlaufen.

(1990)

Deutsche Liebe von oben

Es waren zwei deutsche Kinder,
die hatten einander so lieb –
so lang sie zusammen nicht kamen
und jeder zu Hause blieb.

Aber kaum waren sie zusammengekommen, da fielen
sie übereinander her. Es war eine Liebe vor dem ersten
Blick.

Aus der feuchtfröhlichen Verbrüderung ist längst ein
eiskalter Bruderkrieg geworden zwischen zwei allerdings
sehr ungleichen Brüdern. Das Einzige, was uns noch zu
verbinden scheint, ist das gegenseitige Vorurteil, die zum

Klischee geronnene Erfahrung: Wer nicht so ist wie wir, der ist gegen uns.

Was diesem vor sich selbst geflohenen Staat DDR in vierzig Jahren nicht gelang, gelang uns sozusagen in freier Selbstbestimmung über Nacht. Jetzt endlich wissen wir, wo der Feind wirklich steht – drüben. Seit dieser Feind nicht mehr staatlich verordnet ist, haben wir ihn endlich angenommen. Und er uns. Die sich im November '89 besoffen in den Armen lagen, liegen sich jetzt ganz nüchtern in den Haaren.

Endlich trennen uns keine Mauern mehr. Das Einzige, was jetzt noch zwischen uns liegt, das sind vierzig Jahre unterschiedlicher Erfahrungen. Um uns näherzukommen, müssten wir uns erst mal kennenlernen. Gerade das aber hat der deutsche Einigungsvertrag irgendwie nicht vorgesehen. Ost- und westdeutsche Vereinigungsfachleute gingen einfach mal davon aus, dass wir zusammengehörten, so sehr zusammengehörten, dass der eine sich getrost auflösen könnte, um im anderen aufzugehen. Die Hingabe des einen an den anderen wurde in Paragrafen gegossen, und so entstand eine deutsche Liebesgeschichte mit rein rechtsstaatlichen Gefühlen, die zwar keiner empfindet, aber jeder beim anderen einklagen kann.

Hauptmerkmal dieser juristisch beglaubigten, von Politikern verordneten Liebe aber ist: Sie kennt nur eine Stellung – der eine ist oben, der andere unten. Es ist sozusagen eine bürgerliche Ehe geworden. Und da entscheidet nun mal immer noch der Bräutigam, was beiden gefällt.

Die Braut empfängt auf dem Rücken liegend seine Wohltaten von oben. Er bringt alles Wichtige mit, wofür sie nur noch das Gefühl dankbarer Ohnmacht aufbringen muss. Gedanken braucht sie sich nicht mehr zu machen. Das erledigt er für sie. Denn da, wo sie herkommt, hat man ja denken nicht gelernt. Alle haben sie nur wie ein unmündiges Kind behandelt. Damit ist es endgültig vorbei. Endlich darf sie selbst den Weg gehen, den er ihr weist, den Weg in die Freiheit, den er für sie errungen hat. So kann sie sich zu ihm hinaufentwickeln, bis sie von ihm kaum noch zu unterscheiden sein wird.

Ein Geschlechtsmerkmal freilich lässt er sich nicht aus der Hand nehmen – das Geld. Das hat er ganz allein in die Ehe eingebracht, also weiß er auch allein, wofür es ausgegeben werden darf. Was sie eingebracht hat, kann sie vergessen. Es wird erst in seiner Hand zum Wert. Also hat er es in seine treue Hand genommen, um es so zu verwalten, dass es von seinem Eigentum schon nicht mehr zu unterscheiden ist.

Ihre Hingabe ist das Einzige, womit sie wuchern darf. Da duldet er keine Abstriche. Ein Leben vor der Vereinigung hat sie nicht gehabt. Was vor der Stunde Null war, waren allenfalls einige dunkle Kapitel, über die sie besser nicht spricht. Dann verzeiht er sie ihr auch. Die bürgerliche Ehefrau hat nun mal keine vorehelichen Erfahrungen. Sie kann voll auf die Erfahrungen ihres Mannes bauen. Denn auch die Erfahrungen stellt er ihr zur Verfügung.

Das ist ja ihre große Chance – sie darf mit über vierzig noch einmal ganz von vorn anfangen. Er dagegen muss immer so weitermachen wie bisher. Sein Bett ist etwas breiter geworden, und es liegt jemand neben ihm. Wenn ihm so ist, dann langt er mal kurz rüber. Er darf das. Denn sie gehört ja jetzt ihm.

Außer seinem Geld verdankt sie ihm auch all seine Gesetze, darunter das der Meinungsfreiheit. Sie kann jetzt denken, was sie will. Ja, sie kann sich sogar bei ihm über ihn beschweren und erntet noch ein Lächeln dafür. Die unbefriedigte Ehefrau gehört nun mal zur bürgerlichen Ehe. Die Gefahr, dass sie ihm untreu wird, besteht nicht. Sie weiß ja, was sie ohne ihn wäre. Da also an Scheidung gar nicht zu denken ist, ist es eine glückliche Ehe. Dass die Partner sich schon nach so kurzer Zeit nicht mehr riechen können, ändert nichts an ihrem heiligen Bund. Auch wenn sie zehnmal feststellen, wie sehr sie sich in einander geirrt haben, sie halten aneinander fest, bis dass der Tod sie scheidet.

Aus der Eintagsliebe ist der alltägliche Kleinkrieg geworden zwischen ihm, der es gar nicht nötig hätte, sich mit so was abzugeben, und ihr, die sich alles ganz anders vorgestellt hatte. Wenn sie von ihren Gefühlen spricht, die er verletzt, dann spricht er von seinem Geld, das sie ihn kostet. Wirft sie ihm seine gebrochenen Liebesschwüre vor, erinnert er sie an ihre finstere Vergangenheit. Ja, sie haben einander viel vorzuwerfen. Die Ehe mag unerträglich werden, langweilig wird sie kaum. Aber vielleicht raufen sie sich ja auch irgendwann einmal zusammen. Das soll auch in bürgerlichen Ehen vorkommen.

Die Einzigen, die bei dem ganzen Ehezirkus vielleicht auf der Strecke bleiben werden, sind ihre Kinder, in diesem Falle die Landeskinder. Dass sie beide so viele davon in die Ehe einbrachten, daran haben sie wohl nicht so recht gedacht. Wer denkt schon an die Kleinen, wenn ihn die großen Gefühle derart übermannen? Und schließlich hätten die Kinder ja auch mal was sagen können.

Bestimmt hätten die Großen sich das alles dann noch mal rechtzeitig überlegt.

Wir waren wie Königskinder,
so lang wir unendlich fern.
Wie können zusammen wir kommen
und haben uns trotzdem gern?

(1991)

Was ist geblieben?

Die DDR hat in den vierzig Jahren ihres Bestehens einen wirklichen Sieg errungen – den über sich selbst. Dass es ihr erster war, ist traurig, dass es ihr letzter war, ist tragisch. Errungen wurde er in einer Feierabendrevolution, also außerhalb der Arbeitszeit. Das kann nur einen wundern, der diese DDR nicht kannte. Hier wurde schon immer nach Feierabend besser gearbeitet als vorher. Dass in Deutschland einmal eine Revolution siegen würde, damit hatten wohl weder die Sieger noch die Besiegten gerechnet. Das führte denn auch zum fast geschlossenen Rücktritt von Siegern und Besiegten gleich nach der unblutigen Schlacht. Die sich danach zu Siegern erklärten, waren zumeist Postrevolutionäre, die sofort nach der Entscheidung auf Barrikaden erschienen, von deren Existenz vorher keiner etwas geahnt hatte.

Dass die wirklichen Revolutionäre zu postrevolutionären Ämtern nicht taugten, bewiesen sie schon damit, dass sie solche gar nicht angestrebt hatten. Sie hatten von sich allenfalls behauptet, das Volk zu sein. Und seit wann erhebt das Volk irgendwo einen Führungsanspruch? Die in jeder Hinsicht alte Führung hatte wohl von der Existenz dieses Volkes nur aus den Berichten der Staatssicherheit gewusst. Wie Führer das wohl gewöhnlich tun, wenn ihnen die Macht aus den Händen gleitet, so konspirierten auch die Wandlitzer Herren noch ein wenig gegeneinander, um dann nichts anderes zu hinterlassen als ein paar schnelle, unschuldige Bücher. Darin kann Klein-Fritzchen nachlesen, dass sich Politik wirklich so abspielt, wie er sich das immer vorgestellt hatte.

Das führerlos gewordene Volk musste schon fürchten, seinem Schicksal überlassen zu bleiben. Denn mit dem Ende der SED-Führung schienen auch die Revolutionäre am Ende mit ihrem Latein. Jedenfalls weigerten sie sich, diesem Volk nun irgendwelche neuen Vorschriften zu machen.

So aber lässt sich ein deutsches Volk nicht lange behandeln. Und so wurden denn auf der Straße endlich deutsche Töne laut. Man konnte ja jetzt rufen, was man wollte. Und so riefen endlich auch einmal die Leute, die bisher standhaft hinter ihren Gardinen alles beobachtet hatten, was ihnen gerade einfiel. »Wir sind ein Volk« riefen sie. Das klang ähnlich wie der Ruf der Revolutionäre und war doch alles andere als revolutionär. Aber – Revolution hin, Revolution her – einmal muss auch wieder Ordnung sein, deutsche Ordnung.

So wurde denn gerufen, was sich nicht lange bitten ließ – die andere deutsche Ordnung. Deren gesundes Aussehen war von keines selbstzweiflerischen Gedankens Blässe angekränkelt. Sozusagen über Nacht wurden wir Deutschland einig Bundesrepublik, und nun wundert sich ein Volk, dass es nicht mehr gefragt wird, wenn es um sein Schicksal geht.

Wer jetzt noch auf die Straße geht, riskiert allenfalls, dort stehengelassen zu werden. Vom Ruf nach Freiheit ist die Bewegungsfreiheit geblieben. Die Demokratie fand in aller Stille in der Wahlkabine statt, und die außerparlamentarische Opposition in den neuen Bundesländern setzte den grünen Pfeil und das Sandmännchen durch. Anfangs hatten uns westdeutsche Freunde noch gewarnt, wir sollten nicht alle Fehler des Westens nachmachen. Aber sobald hier einer zu eigenen Fehlern ansetzte, wurde ihm durch Kopfschütteln bewiesen, dass dies nicht anginge.

Der ehemals aufmüpfigen DDR-Literatur wurde ihr Platz in der Schmollecke zugewiesen. Die einst als Oppositionelle gefeierten Literaten wurden als Stützen des SED-Regimes entlarvt. Ihr Zögern, die neue Ordnung zu feiern, bewies aller westlichen Welt, wie angepasst die Wolf etwa war und wie schlecht der Heym schon immer geschrieben hatte. Dass die DDR-Verlage sich unter marktwirtschaftlichen Bedingungen kaum zu halten vermögen, beweist ja endgültig, wie zweitrangig die dort verlegte Literatur ist. Die östliche Vergangenheit wird am besten in westlichen Nachrichtenmagazinen bewältigt. Und ganz nebenbei wird auch mit den linken Spinnern aus der westlichen Sympathisantenszene aufgeräumt. Es ist eine Lust, in westdeutscher Unschuld zu baden, seit die Untiefen östlicher Schuld erkannt sind.

Wenn ich so höre, lese und sehe, was mir über meine Vergangenheit mitgeteilt wird, habe ich immer öfter den Verdacht, selbst gar nicht dabei gewesen zu sein. Wie habe ich hier nur einen ruhigen Tag verbringen können? Und wie dankbar muss ich jetzt sein, wenn mir mein westdeutscher Bruder auf die Schulter klopft und sagt, dass er gar nicht wisse, ob er sich anders verhalten hätte als ich, wenn er in meiner Situation gewesen wäre. Woher weiß er eigentlich, wie ich mich verhalten habe und wie die Situation hier war? Denn eigentlich hier waren die wenigsten von ihnen, die jetzt so um Verständnis bemüht sind. »Sie verstehen, die Grenzkontrollen, und überhaupt, man wollte mit dem Ganzen nichts zu tun haben.« Nun, wir hatten mit dem Ganzen zu tun, ob wir wollten oder nicht. Und wer sich ganz unschuldig fühlt, der möge es sagen.

Bevor ich nun anheben wollte, von meiner Schuld zu sprechen, habe ich in den »Spiegel« gesehen, in den vom 17. Juli 1991. Da schreibt der sozialdemokratische Minister Wolfgang Clement nicht nur sinngemäß, sondern gleich wörtlich, wie es um uns alle hier steht. »Natürlich stimmt es, dass es in Staaten, die Freiheits- und Bürgerrechte unterdrücken, nur wenige Helden gibt. Natürlich stimmt es, dass niemand, zumal vom sicheren Port aus, moralisch verurteilt werden darf, weil er sich nicht heldenhaft benommen hat – aber muss er deshalb gleich mit dem Glorienschein der Normalität versehen werden?«

Vom Glorienschein westlicher Normalität geblendet, schließe ich die Augen vor meinem Spiegelbild. Im Angesicht so heldenhafter Unschuld, die im Westen zur Normalität gehört, rutscht mir mein schuldbeladenes Herz in die Hose. Die aber möchte ich nun, ganz besonders vor Herrn Clement, nicht gern herunterlassen, obwohl ich das Gefühl hab, dass er mir irgendwo da unten etwas antun dürfte.

(1991)

24

Wettlauf zwischen Hasen und Igeln

Es waren einmal sechzehn Millionen Hasen. Die wussten von nichts, waren aber so eingebildet, dass sie glaubten, mit sechzig Millionen Igeln um die Wette laufen zu können. Damit es ein Heimspiel für sie würde, wollten die dummen Hasen all die klugen Igel zu sich ins Land bitten. Doch noch ehe sie die Bitte ausgesprochen hatten, riefen die Igel munter: »Sind schon allhier!« Auf dass es ein fairer Wettkampf würde, gaben die Igel den Hasen ihre Treuhand. Sie setzten neben all ihrem Know-how auch ein kleines Startkapital aufs Spiel. Die Hasen dagegen hatten nichts zu setzen als Haus und Hof, Stahlwerk und Blumenladen, Intendanten- und Ministerpräsidentenposten. Kaum war der Startschuss gefallen, da sah man die Hasen auch schon laufen wie die Hasen. Denn sie meinten, die Igel wären hinter ihnen. Beim Lauf selbst aber fehlte von den Igeln jede Spur. Doch wo immer ein Hase auch ins Ziel lief, stand bereits ein Igel und rief: »Bin schon allhier!« Die dummen Hasen aber, denen man vierzig Jahre lang eingeredet hatte, sie wären auf jeden Fall Sieger der Geschichte, wollten nicht glauben, dass sie fortan nur noch zweiter Sieger sein würden auf einer Rennbahn, die einmal ihnen gehört hatte. Sie hörten nicht auf zu laufen und zu laufen. Und wenn sie nicht gestorben sind, dann laufen sie noch heute, obwohl das Rennen für die Igel längst gelaufen ist.

(1991)

Die Schwächen mit dem Gedächtnis

Ich weiß nicht, was soll es bedeuten,
dass ich nicht vergessen kann.
Denn unsern einst führenden Leuten
seh ich kein Gedächtnis mehr an.
Ich war einst geführtes Mitglied
der führenden weisen Partei.
Doch wenn ich die Führer heut höre,
dann waren die gar nicht dabei.

Schabowski war längst schon dagegen,
als ich ihm noch zugewinkt.
Und Krenz hat die Karten verwegen
im Spiel gegen Mittag gezinkt.
Als ich noch an alles glaubte,
was ich in der Zeitung hier fand,
da leisteten unsere Führer
schon gegen sich selbst Widerstand.

Nur ich bin zu feige gewesen,
in Wandlitz zu konspiriern.
Drum wird man von mir nie was lesen.
Es würde mich auch sehr geniern.
Ach hätte ich kein Gedächtnis,
dann schriebe ich auch Memoirn.
Das würde ein schönes Vermächtnis –
wie unschuldig wir alle warn.

Den Schießbefehl hats nie gegeben.
Wer schoss, der schoss nur so aus Sport.

Und Mielke ließ uns nur aus Liebe
aus seiner Umarmung nicht fort.
Nichts Böses ist hier geschehen,
wovon man da oben gewusst.
Nur unten, die mussten es sehen –
sie habens ja ausführn gemusst.

Wer früher mal ganz oben war,
kann heute guten Gewissens sagen –
die Mörder waren unter uns.

(1991)

Die zwei Sprachen deutscher Nation

Früher sagte man von der deutschen Sprache gern, sie
sei eine reiche Sprache. Seit sie nun auch bei uns im fernen Osten der Bundesrepublik einen rein vermögensbil-
denden Charakter angenommen hat, finde ich sie neu-
reich. Seit jener in der deutschen Sprache mehr herum-
wirtschaftende als dichtende Herr Schiller uns alle berei-
cherte mit Worten wie konzertierte Aktion oder ganz
anonyme Friedensfreunde das Wort von der Nach-vorne-
Verteidigung erfanden, bin ich misstrauisch gegen alle
sprachliche Bereicherung, die aus dem Westen kam und
kommt.

Was wir im Osten zum deutschen Wegsprechwett-
bewerb beitrugen, war eher ärmlich. Wer einen gewöhnlichen Saftladen zum Getränkestützpunkt umformuliert,
muss irgendwann mal Militär gewesen sein. Und wer den
heiligen deutschen Weihnachtsmann zur Jahresendfigur

erklärt, der kann nicht viel Fantasie haben. Aber Fantasie ist eben kein deutsches Wort und gehört auch als Vorstellungskraft nicht unbedingt zu den deutschen Stärken.

Das vor einem Jahr gesprochene Vereinigungspathos besann sich dann wieder auf die wenigen gesamtdeutsch gebliebenen Gefühlsbrocken, die in einer Kanzlerseele Platz haben – deutsches Vaterland, historisch, feierlich und natürlich für die noch einfacheren Gemüter als höchste Glücksbekundung das alles zusammenfassende schöne deutsche Wort: Wahnsinn! Damit kamen wir alle aus, als wir uns unter dem Segen des Kanzlers vereinigten.

Der dem Hochzeitsfest folgende Ehealltag hat uns alle ziemlich sprachlos gemacht. Wir reden zwar noch immer viel, verstehen aber immer weniger. Und weigern uns zu erkennen, dass wir ganz einfach verschiedene Sprachen sprechen, wir Brüder und Schwestern. Westdeutsch ist nun mal nicht Ostdeutsch und Ostdeutsch nicht Westdeutsch. Gemeinsam ist beiden Sprachen lediglich, dass sie kein sehr gutes Deutsch sind. Sprache ist auf beiden Seiten in den vierzig Jahren des kalten Krieges als Waffe benutzt worden. Leider bekriegten sich da aber nicht Dichter, sondern Politiker und ihre Militärs. Das merkt man unser beider Sprachen denn auch an. Man schlug mit Worten aufeinander ein. Das ist weder den Menschen noch ihrer Sprache gut bekommen. Und nun wundern wir uns, dass unser beider Kriegerlatein die deutsch/deutsche Vereinigung eher behindert als befördert. Merkten wir nur wenigstens, dass wir gar nicht mehr dieselbe Sprache sprechen, auch wenn wir dieselben Worte benutzen, wir würden vom anderen wohl nicht so erbarmungslos erwarten, dass er uns auf Anhieb versteht. Wir hielten Missverständnisse für normal und würden uns vielleicht bemühen, die Sprache des anderen zu lernen, statt ihn immer nur mit den eigenen Worten zu erschlagen.

Nun ist ja wenigstens das in der DDR gepflegte Parteichinesisch eine endgültig tote Sprache. Das Wessilatein indessen lebt unbeirrt, also unverbesserlich vor sich her. Die Sprache des Siegers klingt auch dem, der seine eigene Niederlage bewusst mit herbeigeführt hat, nicht unbedingt schön in den Ohren. Aber es bleibt uns gar nichts übrig, wir müssen die Siegersprache erlernen, um wenigstens auf der unteren Ebene noch mitreden zu können.

Die alldeutsche Amtssprache ist ohnehin reines Westdeutsch und wird an uns Unreinen in Form von Steuerbescheiden und Abmahnungen alltäglich vollstreckt. Zu Hause, aber nur wenn wir unter uns sind, wagen wir schon noch mal, unsere geschlagene Muttersprache zu sprechen. Aber auch im nunmehr freien Vaterland lassen sich deutsch/deutsche Begegnungen in dringenden Familienangelegenheiten nicht immer umgehen. Und da fällt nun mein einst so geliebter Westonkel verbal über mich her, und ich weiß gar nicht mehr, ob ich nur nicht mit ihm reden will oder es schon gar nicht mehr kann. Nein, wenn einem so ein lieber alter Onkel vorwirft, man verhalte sich kontraproduktiv, so braucht unsereins viel Zeit, um herauszubekommen, ob dieser Onkel nun besonders gebildet oder nur besonders blöd ist. So kompliziert denkt unsereins in sich rein und merkt gar nicht, wie easy doch alles in der Freiheit des unbedachten Wortes ist.

Musste man sich früher zehnmal überlegen, was man seinem Westbesuch sagen durfte und was nicht, darf man heute gar nicht mehr überlegen, wenn man in Anwesenheit von Westbesuch überhaupt noch zu Wort kommen will. Man bekommt Antworten, zu denen einem gar keine Fragen mehr einfallen. Der andere weiß einfach alles, wonach man ihn nicht erst fragen muss. Er weiß, was eine Gewerbekapitalsteuer ist, wie man das Finanzamt um dieselbe betrügt und wie man am besten seine Sozialhilfe anlegt, damit sie nicht von der Inflation aufgefressen wird. Der leise Hinweis darauf, dass meine Familie schneller ist, als eine Inflationsrate je sein kann, wird mit einem mild-vorwurfsvollen Lächeln übergangen. Dann endlich wird mir die Frage gestellt, die ich mir selbst – das weiß mein Onkel ja am besten – doch nie wirklich stelle, nämlich, was wir hier im Osten alles falsch gemacht haben. Onkels Antwort auf Onkels Frage ist so einfach, dass ich sie fast verstanden hätte. Sie lautet: Alles. Aber das sagt er so wortreich, mit so viel Verständnis für seine Rechtschaffenheit, dass ich am Ende immer nicht so recht weiß, von wem er gesprochen hat. Dabei ist es ganz einfach. Ein Westonkel spricht immer von sich. Wenn er von unserer unbestreitbaren Schuld spricht, meint er eigentlich nur die eigene Unschuld. Meine belastete Vergangenheit bewältigt er, indem er mich zum eigenen Entlastungszeugen macht. Denn er hätte nie mit sich machen lassen, was wir mit uns machen ließen.

Wenn ich ihm dann zum herzzerreißenden Abschied einen Campari anbiete, weist er mich – schon etwas hoffnungslos – darauf hin, dass Campari ein reiner Aperitif sei, den wir im Übrigen auch ihm zu verdanken hätten. Aber wer vierzig Jahre ohne Campari leben musste, trinkt ihn eben jetzt auch hinterher. Ich jedenfalls trinke nach solchen deutsch/ deutschen Begegnungen alles, was mich von unsern deutsch/ deutschen Sprachproblemen ablenkt. Und dann wird mir die ganze deutsche Sprache so egal, und ich finde zurück zum letzten deutschen Wort, das für uns alle seine Bedeutung noch nicht verloren hat: Scheiße.

(1991)

Wir Ehemaligen

Als ehemaliger Bürger der ehemaligen DDR weiß ich endlich, was meine ehemaligen Hoffnungen heute noch wert sind – gar nichts. Meine ehemalige Zukunft gehört längst der Vergangenheit an, und meine ehemalige Vergangenheit muss ich nun endlich mal ablegen, um ein vollwertiger Bundesbürger zu werden und nicht ewig als Ehemaliger einer endgültig vergangenen Zukunft nachzutrauern. Dazu muss ich zunächst natürlich mein ehemaliges Wissen um ehemalige Zusammenhänge ablegen. Grundvoraussetzung für einen vollwertigen Bundesbürger ist, dass nicht nur er heute grundsätzlich alles besser weiß, sondern schon immer gewusst hat. Besserwissen ist ein zutiefst deutsches Bildungsgut. Keiner weiß besser als wir, dass wir Deutschen schon immer alles besser wussten. Als Gorbatschow – Reagan hab ihn selig – seinerzeit das neue Denken aufbrachte, setzten wir ihm entschlossen unser altes deutsches Besserwissen entgegen. Und dieses Besserwissen hat ja nun endgültig über jede Art von neuem Denken gesiegt. Ein Deutscher denkt nicht, er weiß ja am besten, wie schädlich das ist. Auch Gorbatschow reicht inzwischen seinem ehemaligen Amtsbruder in Los Angeles die Wange zum Bruderkuss. Und es ist gewiss nicht mehr das neue Denken, das ihn so weit gebracht hat. Was Gorbatschow und Reagan heute miteinander verbindet, ist wohl eher die Erkenntnis, dass das neue Denken längst den alten Erinnerungen zu weichen hat. Das Neue am neuen Denken Gorbatschows war ja auch nur die Tatsache, dass ein amtierender Präsident überhaupt gedacht hat, bevor er handelte. Um in der Politik aber erfolgreich zu sein, muss man – das bewies nicht nur unser deutscher Kohl – erst einmal handeln. So kam es zur erfolgreichen Wiedervereinigung Deutschlands, über deren Folgenreichtum unser aller Kanzler wohl frühestens nach seiner Pensionierung nachdenken wird. Bis dahin bleibt er standhaft beim Handeln, ohne von des Gedanken Blässe angekränkelt zu werden. Ein Volk kann so lange nicht warten, da es gar keine Aussicht hat, jemals in Pension geschickt zu werden. Wann aber kommt ein Volk dann zum Nachdenken? Immer dann, wenn seine Politiker gehandelt haben. Und seit uns die Politiker nun eingehandelt haben, wonach das unbedenkliche Volk auf der Straße gerufen hatte, die schnelle Einheit nämlich, sind viele von uns sehr nachdenklich geworden.

Aber in einem Punkte sind wir eben alle nicht dümmer als unser Kohl. Auch wir erinnern uns nicht gern an das, was wir selbst einmal öffentlich riefen oder geheim wählten. Als ich neulich in Dresden war, begegnete ich vielen enttäuschten Neubundesbürgern, aber keinem CDU-Wähler. Alle redeten vom blöden Volk, und keiner schien dazuzugehören. Das scheint das deutsche Volk mit jeder deutschen Regierung zu verbinden: die Gnade des schwachen Gedächtnisses und die Last des späten Besserwissens. Zu den vielen ehemaligen DDR-Bürgern, die allesamt zur ehemaligen Opposition dieses ehemaligen Terrorregimes gehört haben, kommen nun schon wieder unzählige ehemaliger CDU-Wähler einer ehemaligen CDU, die sie nie gewählt haben. Nichts Menschliches ist uns so fremd wie unsere eigene Vergangenheit. Lieber machen wir zehn neue Fehler, als dass wir einen alten zugeben, um ihn künftig vielleicht zu unterlassen. Wer seine Vergangenheit bewältigen will, hat sich gewiss übernommen, weil er sie gar nicht ändern kann. Wer sich aber zu erinnern vermag an das, was er falsch gemacht hat und das auch noch öffentlich zugibt, der muss nicht Stolpe heißen, um von der versammelten Selbstgerechtigkeit, die von ganz links bis ganz rechts reicht, eines Besseren belehrt zu werden. Der bessere Deutsche hat eine reine Vergangenheit oder keine Vergangenheit. Irren jedenfalls mag vielleicht menschlich sein, aber bestimmt nicht deutsch.

(1992)

Über die Haltbarkeit von Satire

Ganz früher, noch ehe ich selbst zu schreiben begann, hatte ich immer gedacht, Satiren wären rasch verderblich, würden immer auch mit ihrem Anlass verschwinden. Von wie vielen Anlässen wissen wir nur noch, weil sie Anlass für Satiren waren?

Als ich selbst begann, Kabarett-Texte zu schreiben – in tiefen DDR-Zeiten –, wunderte ich mich manchmal. Was ich gestern geschrieben hatte, war nicht nur heute oder morgen noch aktuell, manches davon blieb über Jahre, schließlich sogar Jahrzehnte aktuell. In der DDR hatte man als Kabarett-Autor ein ganz besonderes Privileg: Man konnte zum Klassiker werden.

Dann brach die DDR zusammen, und all unsere scharfen, scheinbar ewig-gültigen Satiren waren zu Altpapier geworden. Da, wo sich nie etwas zu ändern schien, änderte sich plötzlich alles von einem Tag auf den anderen, manchmal von einer Stunde auf die andere. Wenn ich morgens an der Schreibmaschine saß, konnte ich nicht sicher sein, dass mein Geschriebenes abends noch gültig sein würde. Ich schrieb verzweifelt hinter Ereignissen her, die sich überstürzten.

Dann beruhigte sich alles wieder. Eine neue Ordnung hielt Einzug, die der alten längst nicht so unähnlich war, wie sie von sich bis heute behauptet. Wir lernten ganz schnell wieder, was wir eben noch »nie wieder« tun wollten. Wir lernten, uns anzupassen, und zwar viel schneller und gründlicher als je zuvor.

Bei manchen meiner satirischen Texte bin ich mir inzwischen schon gar nicht mehr sicher, ob sie vor oder nach der Wende entstanden. Es gibt eigentlich nur ein sicheres Indiz für Vor- oder Nachwendetexte. Tauchen Politikernamen auf, sind sie garantiert nach der Wende geschrieben. Zu DDR-Zeiten durften wir unsere Politiker nicht beim heiligen Namen nennen, heute tragen wir mit unseren Politikerwitzen viel zu ihrer Popularität bei. Manchem von ihnen verhelfen wir sogar noch zu Nachruhm. Können Sie sich beispielsweise noch an Frau Bergmann-Pohl erinnern oder an jenen Rudolf Scharping, der anfangs so verlacht und dann so bedauert wurde?

Natürlich hätte ich die Namen der Politiker leicht ändern, sozusagen auf den aktuellen Stand bringen können.

Aber dann würde man wohl kaum merken, wie alt unsere Probleme sind, die wir mit wechselnder Politbesatzung vor uns herschieben. Unsere so unverwechselbaren Parteiführer sind austauschbar. Das kann man schon daran ermessen, wie schlecht man sich an sie erinnert, wenn sie weg sind vom Schaufenster.

Die Frage, ob es ein Kabarett-Leben nach Helmut Kohl geben wird, stellen wir scherzhaft auf dieser oder jener Kabarettbühne. Aber wir sagen das nur so. Schließlich wissen wir doch: Nicht wir leben von ihm, sondern er von uns. Gäbe es die Kohlwitze nicht, was würde einmal von ihm bleiben?

In den Jahren seit der Wende ereignete sich viel im Osten Deutschlands. Ein historisches Ereignis jagte das andere. Anfangs schrien wir alle begeistert »Wahnsinn!« Heute murmeln wir dasselbe Wort höchstens noch erschrocken vor uns hin. Seit ich, ohne meine Provinz verlassen zu haben, so viel Weltgeschichte erlebt habe, weiß ich es einmal mehr. Tucholsky hatte recht, als er sinngemäß behauptete: »So wie sich Klein-Moritz die Weltgeschichte vorstellt, genauso ist sie.«

Damals in der engen, finsteren DDR-Provinz hatten wir zwar viel weniger Luxus, aber wir hatten auch viel mehr Illusionen. Zum Beispiel die, dass solche Texte, wie die hier vereinigten, bald Schnee von gestern sein könnten. Diese Illusion habe ich schon lange nicht mehr.

(1992)

35

Der neue deutsche Schüttelreim

Zwei Dinge sind den Deutschen heutzutage unbegreif-
lich: Erstens – warum benehmen sich die Wessis wie die
Wessis? Und zweitens – warum sind die Ossis wie Ossis.
Können sie nicht alle sein wie ich und du, also wie wir?
Schließlich sind wir doch alles Deutsche.

Aus dem stürmischen Händeschütteln ist ein nicht
minder stürmisches Kopfschütteln geworden. Viele von
uns schüttelt es bereits, wenn sie nur aneinander denken.
Und wenn sie dann gar leibhaftig aufeinander treffen,
gibt es ein verbales Hauen und Stechen, das von einem
Grundirrtum bestimmt wird: Wir meinen eine gemeinsame Sprache zu sprechen, nur weil wir alle deutsch
reden. So wie Liebende sich aufs unausgesprochene Wort
verstehen, missverstehen wir uns aufs ausgesprochene.
Die heimliche Liebe, die uns verband, so lange die Mauer
uns trennte, ist zu einer unheimlich offenen Feindschaft
geworden, seit uns nichts mehr trennt als unsere Eigen-
art.

Dabei hatten doch früher Deutsche nie Angst vor
Deutschen, sondern haben diese Angst in schönem Miteinander in der Welt verbreitet. Heute braucht die Welt
uns offensichtlich nicht mehr zu fürchten, da wir nun alle
Aggressionen in unserem ganz neuen Miteinander auf-
brauchen. Gewiss, Ausländer, die sich noch auf den inner-
deutschen Kriegsschauplatz begeben, profitieren hier und
da auch noch von gesamtdeutscher Gastfreundschaft,
die uns einst in der Welt so gefürchtet machte. Aber im
Grunde brauchen wir gar keine Polen, Türken, Russen
und so weiter, um die deutsche Sau herauszulassen. Wir

haben nun endlich genügend deutsch/deutsche Ressentiments, um die multikulturelle Verachtung füreinander auszuleben. Gewiss vergreift sich der gemeine Ossi gern einmal am niederen Polen, wenn ihn der höhere Wessi gar zu sehr gekränkt hat, indem er ihm vorwirft, was Deutsche sonst nur Polen oder Balkanvölkern vorzuwerfen pflegten. Aber würden sich diese Polen nicht in unsere Angelegenheiten einmischen, indem sie einfach über unsere Grenzen kommen, sie hätten nichts zu fürchten. Um Ausländer kümmern wir uns grundsätzlich nicht, so lange sie im Ausland bleiben. Selbst dass die dritte Welt immer größer wird, also expandiert, regt uns nicht weiter auf. Unsere Neutralität, also Gleichgültigkeit der dritten Welt gegenüber, ist nahezu unerschütterlich. Und sollten uns die Fernsehbilder von hungernden Kindern doch einmal kurz beunruhigen, dann schicken wir – schon um des eigenen Seelenfriedens willen – Hilfspakete, die uns helfen, das eigene gute Gewissen nicht schlecht werden zu lassen. Auch den Kurden würden wir gern noch was zukommen lassen, wenn sie nur endlich eine feste Adresse angeben würden.

Aber aufregen kann uns das alles nicht halb so sehr wie das Grundproblem dieser Welt, nämlich dass alle Ossis faul und alle Wessis gerissen sind. Jeder mundfaule Ostkellner beweist seinem Westgast, dass im Osten noch nie richtig gearbeitet wurde. Und jeder großmäulige Westgast beweist eben jenem Ostkellner, wie verständnislos der ganze Westen dem ganzen Osten gegenübersteht. Auch vierzehnjährige Westschüler erklären inzwischen, dass sie vor vierzig Jahren mit nichts angefangen haben. Das sollen ihnen nun die achtzigjährigen Ostrent-

ner endlich einmal nachmachen. Nämlich die Ärmel auf-
krempeln und sich aus ihrem selbstverschuldeten Nichts
nach dort emporarbeiten, von wo die Westkindlein auf
die Ostrenter hinabschauen.

Der einfache Deutsche hat schon immer das einfache Urteil bevorzugt, um die Überlegenheit der einfachen deutschen Küche wenigstens zwischen den Mahl-
zeiten zu beweisen. So lebt auch der gemeine Westdeutsche für den einfachen Ostdeutschen seit vierzig Jahren in
Luxus und Überfluss, fährt auch als Arbeitsloser unent-
wegt Mercedes und kommt nun in den wehrlosen Osten,
um seine Luxusgarage gerade dorthin zu bauen, wo der
unterdrückte Ostsklave seine Datsche errichtet hatte.

Als die Mauer noch stand, war es fast unmöglich,
einen Westdeutschen zu treffen, der von sich behauptete, das bundesdeutsche Steuerrecht zu durchschauen.
Seit die Mauer weg ist, sind wir Ostdeutschen selbst zum
Steuerzahlen zu blöde. Die Westdeutschen hingegen wissen ganz genau, wohin der Steuerhase läuft. Schließlich
haben sie mit ihren Steuergroschen schon immer für uns
zahlen müssen. Früher war es die Spaltung, die sie finan-
zieren mussten, heute bezahlen sie wieder mal ganz allein
die Einheit.

Sie haben uns die Autobahnen finanziert, und wir
haben die Schlaglöcher hineingefahren. Überhaupt haben
wir alles verkommen lassen, was ohne ihre Steuergroschen
bei uns nie hätte gebaut werden können. Der Ostdeutsche
hingegen hat vierzig Jahre ohne Vitamine unter ständiger
Bewachung der Staatssicherheit im Untergrund verbracht.

Dass die Wessis alles besser wissen, wissen sie natürlich selbst auch am besten. Allerdings sind sie immer wie-

der gern bereit, dieses Wissen mit den dummen Ossis zu teilen. Denn gerade dieses westliche Know-how ist besonders hilfreich. Die Ossis hingegen wissen am besten, wie schwer sie es schon immer hatten. Doch nachdem sie vierzig Jahre Geheimnisträger waren, verstehen sie es auch, dieses Wissen für sich zu behalten beziehungsweise nur dort zu äußern, wo sie schon immer gesagt haben, was sie denken – am Stammtisch nämlich. Noch verachtet der Ossi den Wessi nur hinter vorgehaltener Hand und ballt seine beleidigte Faust in der Tasche. Das ist er so gewöhnt im Umgang mit der Obrigkeit. Dass er diese Obrigkeit einmal selbst gestützt hat, kann er sich kaum noch erklären. Den als Freiheitskämpfer geborenen Wessis hingegen ist es ganz und gar unbegreiflich, wie sich ein Mensch vierzig Jahre Diktatur überhaupt hat gefallen lassen können. Nachdem die Ostdeutschen endlich ihre Unfreiheit abgeschüttelt haben, bringen die Westdeutschen nun die Freiheit. Und was machen die Ostdeutschen mit dieser geschenkten Freiheit? Was sie immer gemacht haben. Sie schicken sich drein.

(1992)

Können Sie sich noch erinnern?

Es ist schon eine Ewigkeit her, also mehr als ein Jahr – am Tag, als die D-Mark kam, fühlten wir uns alle wie neugeboren. Im Osten waren wir noch eingeschlafen und wachten plötzlich im Westen auf. Diese Nacht zum ersten Juli 1990 wird mir ewig unvergesslich bleiben – es war das eigentliche deutsche Silvester. Immer hatte ich nur einen Westonkel. Plötzlich war ich selber einer, frisch aus der D-Mark geschlüpft. Mit mir erblickten sechzehn Millionen neugeborener Westler das Licht der freien Welt und hatten plötzlich die D-Mark als einziges Zahlungsmittel in der Hand.

Damals ahnten wir ja noch nicht, dass man diese D-Mark nur einmal geschenkt bekommt, aber immer wieder mit ihr bezahlen muss. Und zwar alles. Nicht nur den preiswerten Video-Recorder oder die vierzig Jahre lang entbehrte Mikrowelle. Warum hatte uns nur niemand vorher gesagt, dass man diese harte D-Mark auch für so wertlose Alltäglichkeiten wie Brot, Milch und Kartoffeln hergeben muss. Wer von uns wäre denn früher auf den Gedanken gekommen, seine Briketts im Intershop zu bestellen? Für ein richtiges Auto gaben wir natürlich gern mehr her als wir hatten, denn ein richtiges Auto hatten wir ja vorher nicht. Aber unsere billigen Ostwohnungen hatten wir doch. Also dafür brauchten wir das Westgeld beileibe nicht. Nein, man hätte uns ruhig diese alte wertlose Ostmark für alles das lassen können, was bei uns nichts wert war – das tägliche Brot, den nächtlichen Strom und die alltägliche Straßenbahnfahrt. Es war doch früher so gut gegangen mit den zwei Währungen. Wieso sollen wir nun plötzlich nur noch eine haben?

Nein, diese ganze Währungsunion hatte einen entscheidenden Haken. Zwar hat man uns die D-Mark geschenkt. Aber die Ost-Mark hat man uns genommen. Diese wunderbare Mark, die zwar nichts wert war, mit der man aber alles bezahlen konnte, was man unbedingt brauchte. Auch die Westmark war doch nur so lange wirklich wertvoll, wie es die Ostmark gab. Wer gibt einem denn jetzt noch fünf oder gar zwanzig Mark für eine Westmark? Nein, seit es die Ostmark nicht mehr gibt, ist auch die Westmark nur noch eine Mark wert. Ihr ganzer ehemaliger Zauber ist dahin. Man kann sie noch so oft umdrehen, mehr als fünf Brötchen kriegt man nicht dafür.

Mit der Westmark ist es wie mit der Westverwandtschaft. Seit man sie ständig bei sich hat, ist der Glanz ab. Wie haben wir uns einst über fast jeden Westbesuch gefreut, wussten wir doch, er war etwas Vorübergehendes. Wie fürchten wir jetzt den Besuch von drüben, wissen wir doch nie, ob er mal wieder geht. Und mit welcher Herzlichkeit haben uns unsere Verwandten einst zu sich eingeladen. Und wie betreten gucken sie jetzt, wenn wir kommen. Wie gern würden sie uns wieder Pakete schicken, statt uns selbst empfangen zu müssen.

Wie unkompliziert war es doch früher, wenn die westliche Seite der östlichen Seite zum Abschied fünfzig Mark in die Tasche steckte und die ganze Familie aufatmete, weil das Familientreffen mal wieder überstanden war. Mit dem Ostgeld aber sind auch die Westverwandten dahingegangen. Die ganze deutsche Familie verkehrt wieder von gleich zu gleich. Dass das nicht gut gehen kann, hätte man vorher wissen müssen – denn gerade das haben wir alle nicht gelernt.

(1992)

Praktizierte Satire

Was bleibt dem Kabarett noch zu tun in dieser realsatirischen Welt? Wer heute schwarzsieht, muss morgen einsehen, dass er gestern noch alles zu rosig gesehen hat. Indem man seine schlimmsten Befürchtungen aufschreibt, hofft man ja doch immer, es würde alles nur halb so schlimm werden. Diese Hoffnungen werden inzwischen immer aussichtsloser. Wer den Abgrund nicht sehen will, vor dem diese Welt steht, der muss die Augen sehr fest verschließen. Und darüber sollen wir Witze machen?

Früher, vor ewigen Zeiten, als vieles schon mal halb so schlimm war wie heute, nannte man Satiriker gern beleidigte Idealisten. Aber schon damals reichte es ja, Realist zu sein, um beleidigend zu wirken auf alle, die ihre schönere Welt hinter geschlossenen Augen sahen. Es war und ist für einen Satiriker durchaus keine Genugtuung, wenn er erfahren muss, dass er mit seinen Übertreibungen hinter der Wirklichkeit zurückgeblieben ist.

Unter den real-unsozialistischen Verhältnissen der vor sich selbst geflohenen DDR gab uns die Zensur hin und wieder das Gefühl, doch etwas ernster genommen zu werden. Das war selbstverständlich ein Irrtum. Das, was wir sagten, war damals genauso folgenlos, wie es das heute ist.

Kritik hatte damals höchstens Folgen für den, der sie übte. Alles andere war Einbildung.

Wen die nun ausgebrochene DDR-Nostalgie dazu verführt, auch der Zensur nachzutrauern, der begebe sich einfach in eine öffentlich-rechtliche Sendeanstalt, und er wird sich wundern, wie vertraut ihm das alles ist, was er früher Zensur nannte. Selbstverständlich kann man auch dort alles sagen, was man will, bevor die Kameras laufen. Und nie wird einem gesagt, dass ein satirischer Beitrag aus politischen Gründen nicht sendefähig sei. Politisch waren die Gründe, die zu allen Zeiten gegen jede aktuelle Satire sprechen, auch früher nicht. Zensur verkleidet sich immer wieder neu und bleibt sich vielleicht gerade deshalb ewig so erschreckend ähnlich. Sie ist bereit, fast alles zu verzeihen, nur eins duldet sie auch unter demokratischen Umständen nicht – dass man sie bei ihrem hässlichen Namen nennt. Das nimmt sie nun mal übel.

Im Kabarett selbst, also in Anstalten, die weniger öffentlich-rechtlich verfasst sind, begegnet man einer Zensur gar nicht mehr. Was man nicht im Kopf hat, gibt es nicht. Man kann sagen, was man glaubt verantworten zu können. Und das ist inzwischen sehr viel. Aber etwas gelingt immer weniger – das, was ich am Anfang Übertreibung nannte. Erstaunlich ist nur, dass vom Publikum nach wie vor über Dinge gelacht wird, über die es außerhalb des Kabaretts nie lachen würde, über Politiker zum Beispiel. Kohl ist doch nun wirklich alles andere als eine Witzfigur. Im Kabarett spielt er heute etwa die gleiche Rolle, die in der früheren DDR die Banane spielte – die Erwähnung bringt die Leute schon zum Lachen. Da kann die Kritik noch so verächtlich vom abgestandenen Kohlwitz sprechen, das Publikum kann gar nicht genug Kohl bekommen.

Und das meine ich – im Kabarett lacht man sich schön oder wenigstens komisch, was draußen weder schön ist noch komisch. Satire als Schönfärberanstalt. Wenn die Regierungen wüssten, wie staatserhaltend Satire sein kann, sie würden sie nicht nur nicht verbieten, sie würden sie mit Subventionen zuschaufeln. Jedes Land schmückt sich gern mit seinen toten Satirikern. Wenn die lebenden Politiker nur ahnten, was sie ihren lebenden Kritikern verdanken, sie würden uns alle zu unkündbaren Reklamebeamten machen. Negativwerbung hat neben vielen anderen einen entscheidenden Vorteil – sie bleibt länger im Gedächtnis. Ich schlage mich hiermit zum Pressesprecher jedes beliebigen Bundespolitikers vor.

(1992)

Das alte Kinderlied
(Immer wieder zu singen)

Wohin ich auch gucke, da seh ich,
wir Menschen sind anpassungsfähig.
Wir passen uns überall an.
Man muss uns nur sagen, woran.
Wie rot war noch gestern mein Pappi.
Heut schwört er auf Waigel und Schappi.
Und mich hat einst Margot erzogen –
ich habe schon immer gelogen.

Wer hochkommen will, der muss kriechen.
Wo's langgeht, das kann man erriechen.
Die Arschlöcher sind alle rund.
Wer reinfindet, stößt sich gesund.
Kaum hab ich die Freiheit bekommen,
da hab ich mich schon freigeschwommen.
Mich hat man ums Leben betrogen –
ich habe schon immer gelogen.

Mit mir kann man jeden Staat machen.
Mit mir kann Großdeutschland erwachen.
Ich finde auch da meinen Platz.
Gesinnung war immer Ersatz
für Leute, die's nie zu was bringen.
Mich muss man zu gar nichts erst zwingen.
Ich kriege allein jeden Bogen –
ich habe schon immer gelogen!

Wie sagt das Sprichwort?
Lügen habe kurze Beine,
doch sie tragen die fettesten Schweine.

(1992)

Vom Teilen und vom Opferbringen

Geben ist seliger denn nehmen, aber beim Geld hört die Freundschaft in der deutschen Spruchweisheit auf. Auch die Gemütlichkeit der deutschen Vereinigung hört jäh auf, wenn es nun ans Teilen gehen soll. Eine Festrede ist kein Kontoauszug. Ein Blick auf den Kontoauszug eines Festredners, der da so feierlich vom Teilen gesprochen hatte, wäre allerdings oft aufschlussreicher als seine ganze schöne Rede gewesen.

Dass einer heilig gesprochen wurde, nur weil er seiner Menschenpflicht nachgekommen war und geteilt hatte, spricht Bände, ja es spricht uns in gewisser Hinsicht sogar frei. Schließlich sind wir alle keine Heiligen – wieso also sollten wir teilen? Nein, der deutsche Steuerzahler geht vielleicht sonntags in die Kirche, um sich erbauen zu lassen von den guten Beispielen der Heiligen der Vergangenheit. Im Alltag der Gegenwart würde er über so einen allenfalls den Kopf schütteln. Das ist wohl das Los der Besten aller Zeiten – zu Lebzeiten ernten sie meist nur Kopfschütteln.

Auch den deutschen Einigungsvertrag haben keine Heiligen ausgearbeitet, sondern Juristen, Wirtschafts- und Finanzfachleute. Ich weiß auch gar nicht mal, ob es die besten waren. Während die Festredner noch von der Liebesheirat sprachen, war der Ehekontrakt bereits in Paragrafen und Durchführungsbestimmungen ausgeführt. Ja, noch bevor wir alle endlich Freud und Leid teilen sollten, wurden zunächst einmal im östlichen Teil die Konten geteilt, und zwar durch zwei. Was danach vom Westen nach dem Osten floss und fließt, sieht eher nach Zuteilung aus. Und selbstverständlich soll das Geld so verteilt werden, dass es einmal Gewinn bringt. Kapital rechnet nun einmal nicht mit Heiligsprechung, sondern mit sehr irdischen Zinsen.

Wo man früher von der Notwendigkeit des Teilens gesprochen hat, um die Einigung zu bekommen, da spricht man heute allenfalls noch von der Notwendigkeit, Opfer zu bringen. Alle müssten eben Opfer bringen, sagt man, um noch ein bisschen Feierlichkeit am Altar der deutschen Einheit zu wahren. Wer sein Opfer gebracht hat, muss nicht mehr teilen. Die Höhe des Opfers bestimmt man ja gewöhnlich selbst, und man hat danach auch noch das schöne Gefühl, etwas Außergewöhnliches getan zu haben. Teilen klingt viel gewöhnlicher, viel profaner als opfern. Wer also würde nicht lieber opfern als teilen?

Sprache, hat mein Deutschlehrer einmal gesagt, diene

oft weniger der Mitteilung als der Verschleierung von Tat-
beständen. So opfert sich eben auch in diesem Falle die
Sprache, nur um nicht Mitteiler sein zu müssen.

(1992)

Ostspaziergang

Von Lenin befreit sind Straßen und Plätze
durch der Freiheit wilden, belebenden Blick.
In Deutschland blüht Gedächtnislück'.
Der alte Erich mit seiner Metze
zog sich ins rauhe Moskau zurück.
Von dorther sendet er, fliehend nur,
ohnmächtige Schauer seniler Sprüche.
Der Rest macht eine Entziehungskur
und konzentriert sich aufs Wesentliche.
Überall regt sich dynamisches Streben –
Vergangenheit hat es bei uns nie gegeben.
An Idealen fehlts im Revier.
Wir nehmen gebrauchte Autos dafür.
Dreh dich nicht um nach Marx und nach Engels,
das ganze Parteilehrjahr – verdrängels!
Aus dem finsteren Einheitschor
dringt pluralistisch ein Volk jetzt hervor.
Jeder sonnt sich heute so gern
in seinem Widerstand gegen die Herrn.
Die, die einst folgsam Spalier gestanden,
wurden zu wilden Stürmern und Rächern.
Seit sie zu sich selber fanden,
dulden sie nichts Rotes mehr an den Dächern.

Aus des Zwangsjubels quetschender Enge,
aus der eigenen Fahnenpracht
haben sie's endlich zum Bausparn gebracht.
Sieh nur, sieh, wie befreit sich die Menge
durch die eigne Vergangenheit schlägt.
Da fällt auch die Kollwitz um im Gedränge,
und Brecht und Heine werden zersägt.
Und ganz vom Freiheitsdurst besoffen,
entfernen sie auch Heinrich Mann.
Die Hohenzollern dürfen hoffen,
denn die montiern wir wieder dran.
Und kommts mal wieder zum Getümmel,
holn wir auch Stalin aus dem Himmel.
Im Ernstfall seufzet groß und klein –
so ist der Mensch, so muss er wohl sein.

(1992)

Wo der Osten noch lacht

Den letzten richtigen Ostwitz habe ich im November 1989
gemacht, als überall auf DDR-Straßen Demonstranten
riefen: »Wir sind das Volk!« und »Wir bleiben hier!« Ich
behauptete einfach, die alten Herren des Politbüros hätten in Wandlitz eine Gegendemo unter derselben Losung
gemacht. So einfach war das damals. Dann lief noch einmal ein einsamer Humorist beim demonstrierenden Volk
mit und hatte ein Schild um den Hals: »Ich bin Volker!«
Das war auch noch ganz komisch.

Schließlich kam dann die institutionalisierte Freiheit
mit all ihren Durchführungsbestimmungen zu uns, und

keiner lachte mehr. Wir gewannen die Freiheit und verloren den Humor. Und gerade den könnten wir in einer Demokratie, wie wir sie übergezogen bekommen haben, genauso gut brauchen wie einst in der abgelegten Diktatur.

Über die von Politikern an uns vollstreckte Realsatire zu lachen, fällt schwer. Der einzige Witz daran ist ja, dass es sich dabei um von uns frei und geheim gewählte Politiker handelt. Für Honecker konnten wir nichts. An Kohl sind wir selber schuld.

Dass demokratisch gewählte Politiker in letzter Zeit immer häufiger mit Eiern und Tomaten beworfen werden, beweist ja nur unsern tristen Mut zu totaler Humorlosigkeit. Die Witze von gestern trafen besser als Eier und Tomaten von heute. Ein bekleckerter Kanzler ist noch lange nicht komisch. Und wir, die wir aus einer Mangelwirtschaft kommen, wissen doch auch: Eier gehören in die Bratpfanne, nicht auf Politikerwesten.

Aber Witze machen kann man in Fremdsprachen erst, wenn man sie wirklich beherrscht. Und Westdeutsch ist vorläufig noch eine Fremdsprache für uns, und da radebrechen wir eben mit Eiern und Tomaten statt mit Witz. Aber wenn wir erst richtig Westdeutsch mitreden, dann wird der Ostwitz auch wiederkommen.

(1992)

Nachholebedarf

Wir haben viel mehr nachzuholen, als wir zu träumen wagten in den fünf neuen Bundesländern. Wie viel das ist, fiel mir neulich wieder auf, als mir in einer Buchhandlung das Grundgesetz der Bundesrepublik Deutschland in die Hand fiel. Mein Gott, dachte ich sofort, da stehst du nun seit Jahr und Tag auf dem Boden des Grundgesetzes und hast noch nicht mal gelesen, worauf du stehst.

Auffällig ist zunächst, wie dünn das Büchlein ist, verglichen mit den tausend ganz legalen Steuertricks, dem anderen Klassiker westdeutscher Literatur, den wir übernommen haben. Im Gegensatz zu den Steuertricks ist das Grundgesetz sehr schön geschrieben und so verständlich, obwohl durchaus poetisch und auch lehrreich. Es hat allerdings – wie andre schöne Literatur ja auch oft – nicht so sehr viel zu tun mit dem wirklichen Leben. Einem demokratieunerfahrenen Menschen wie mir erschien zunächst völlig unerklärlich, wieso das Bundesverfassungsgericht diese Verfassung nicht schon längst als wirklichkeitswidrig verurteilt hat. Aber dann fiel mir das alles erklärende Wort ein, dass ich so oft aus dem Munde von Politikern gehört hatte: Verfassungswirklichkeit. Die hat man ja extra geschaffen, damit man sie nicht mit der wirklichen Wirklichkeit verwechselt.

Gleich vorn steht ein Satz, der in seiner gespenstischen Sprengkraft gefährlich für die ganze soziale Marktwirtschaft werden könnte, nähme man ihn beim Wort. Die Würde des Menschen, steht da geschrieben, ist unantastbar. Mein Gott, dachte ich sofort, wenn das nun ein Ausländer liest, der da gemütlich in seinem Sammellager auf dem Doppelstockbett lungert oder vor der Gemeinschaftstoilette ansteht. Diese uns feindlich gesinnten Ausländer schrecken doch auch vor unserer wehrlosen deutschen Sprache nicht mehr zurück. Mit unserem Sozialprodukt eignen die sich auch gleich noch unsere Sprache an, und dann pochen sie vielleicht in Deutschland auf ihre ausländische Würde, nur weil sie sich auch gleich für Menschen halten. Warum haben auch seinerzeit die Verfasser des Grundgesetzes nicht auf den Unterschied zwischen inländischen und ausländischen Menschen hingewiesen?

Was macht nun so ein eindeutig ausländischer Tamile oder Kurde mit seiner in unserer Verfassung festgeschriebenen Würde? Wohin soll er sie denn stecken, damit sie das bleibt, was unser Grundgesetz vorschreibt: unantastbar? Wo kann er sie und am besten auch sich verstecken, wenn unsere deutschen Würden- und Waffenträger sein gemütliches Sammellager überfallen und ein wenig anzünden? Ich schlage vor, das Grundgesetz dahingehend zu verändern, dass wenigstens die mittellosen Ausländer die Möglichkeit erhalten, ihre Würde an den deutschen Grenzen abzugeben, damit sie dort sicher verwahrt werden kann und erst im Falle der Abschiebung wieder herausgegeben wird.

Aber nicht nur über den Unterschied zwischen In- und Ausländern scheinen sich die Väter unseres Grundgesetzes im Unklaren gewesen zu sein. Auch vom natürlichen Unterschied zwischen Mann und Frau sind sie offensichtlich noch nicht unterrichtet gewesen. Denn auch die Verfassungsbehauptung, dass Mann und Frau gleichberechtigt seien, ist, gelinde gesagt, wirklichkeitsfeindlich. Und was den Asylanten die Sammellager, das sind den

Frauen die Frauenhäuser. Hier können sie sich vor Übergriffen schützen. Stammtisch und Arbeitsplatz hingegen genießen den besonderen Schutz vor der Frau.

Und noch etwas: Welcher Mann mag sich überhaupt noch auf Dauer eine eigene Frau leisten, wenn in diesem Grundgesetz steht, Eigentum verpflichtet? Ein eigenes Haus verpflichtet vielleicht, es kostengünstig zu vermieten, kostengünstig für den Vermieter natürlich. Aber eine eigene Frau? Was fängt man mit ihr kostengünstig an? Nein, nein, man wird wohl nicht darum herumkommen, das Grundgesetz irgendwann auf den Boden der Wirklichkeit zurückzuholen.

Die inzwischen konzentrierten Bemühungen der Politiker unserer großen Parteien, dieses Grundgesetz durch Änderungen einer nicht zu verändernden Wirk-lichkeit anzunähern, reichen längst nicht mehr aus. Es kann doch nicht sein, dass unsere Verfassung allein durch ein paar Schönheitsfehler korrigiert wird. Es gilt doch, das Grundgesetz endlich mit Leben zu erfüllen. Hoyerswerda, Rostock und Hünxe mahnen. Verfassungspoesie und Wirklichkeit klaffen weit auseinander. Die deutsche Sprache mag noch so poetisch klingen, das deutsche Handeln verlangt eine klare Sprache. Und deutsche Politiker haben ausschließlich Handlungsbedarf. Allein dieses klare Wort beweist ja schon, wie gering ihr Sprachbedarf ist. Die schönen Reden werden sonntags und vom Bundespräsidenten gehalten. Die Bundesregierung hingegen muss endlich handeln, und dazu braucht der Bundesinnenminister nicht länger Verfassungsbedenken, sondern endlich Handlungsspielraum. Die sozialdemokratischen Bedenkenträger haben die Verfassung immer nur kommentiert. Es kommt aber nun darauf an, sie zu verändern. Es kann nicht länger heißen: Ernst ist das Leben, heiter das Grundgesetz. Nein, wir müssen endlich mal ernst machen mit diesem Grundgesetz.

(1993)

Ein deutscher Einheitsbrief

Liebe unbekannte westdeutsche Brüder und Schwestern!

Seit uns unser Kanzler mit Euch vereinigt hat – zu seinem Ruhm und auf Eure Kosten – haben wir Probleme miteinander, die wir noch nicht hatten, als wir getrennt voneinander lebten. Seit wir einander kennengelernt haben, sind wir uns fremd geworden.

Und mit uns Fremden sollt Ihr nun plötzlich einen Solidarpakt schließen? Statt uns immer mal ein Päckchen Kaffee zu schicken als Zeichen Eurer Solidarität mit uns Armen, sollt Ihr nun plötzlich teilen, was Ihr allein erarbeitet habt – Euren Wohlstand? Zu DDR-Zeiten übten wir auch gern mal Solidarität mit den Armen dieser Welt.

Wir schickten keinen Kaffee, der war zu teuer in unserer DDR. Dafür kauften wir regelmäßig diese wunderbaren kleinen Solidaritätsmarken, die man sich so herrlich ins Gewissen kleben konnte, ohne deshalb gleich rot zu werden. Wir hatten gänzlich ideologiefreies Mitleid mit den Armen, wie Ihr Mitleid mit uns Armen hattet, damals als wir zu Euch wie die Fremden zu uns allenfalls mal besuchsweise kamen. Damals veranstalteten wir mit ihnen – wie Ihr mit uns – sogar richtige Feiern, wenn wir zusammenkamen.

Heute, da wir zu Euch und die noch ärmeren Fremden auch zu uns kommen dürfen, sind wir Euch, was die ausländischen Fremden für uns sind – Wirt-schaftsflüchtlinge. Nein, mit Rassismus hat das gar nichts zu tun. Denn andere Hautfarben und Religionen stören uns eigentlich nicht. Uns stört wirklich nur die Armut der andern. Wir haben überhaupt nichts gegen die dritte Welt, im Grunde nicht einmal etwas gegen ihre Armut, so lange sie dort bleibt, wo sie noch unser Mitleid, nicht aber unseren Abscheu erregt – in weiter Ferne.

Und eigentlich ist es nicht einmal wirklich Abscheu, sondern ganz einfache, sehr menschliche Angst. Angst, dass die fremde Armut zur eigenen werden könnte.

Wer so richtig reich ist, der hat natürlich weniger Angst. Richtiger Reichtum weiß sich zu schützen – schon vor dem Anblick der Armut. Aber wer sich vor dem Anblick dieses fremden Elends schützt, tut dies natürlich nicht aus rassistischen, sondern ausschließlich aus ästhetischen Gründen. Kein gebildeter Reicher – und solche gibt es ja wirklich – hat etwas gegen eine ordentliche, moslemische Putzfrau oder gegen türkische Arbeitskräfte in seinem Unternehmen.

Wirkliche, aufrichtige Rassisten findet man eigentlich nur unter denen, die selbst schon so arm sind, dass sie sich von den Fremden nur noch durch Hautfarbe, Religion oder Nationalität unterscheiden.

Nein, wir Deutschen – ob Ost oder West – sind nicht fremdenfeindlich. Wir sind nur gegen diese verfluchte, ansteckende Armut. Gegen die eigene sogar noch mehr als gegen die fremde.

(1993)

Die neuen Werte

Kennen Sie den? Wenn ein Westler heute an einem Ost-
grundstück vorbeikommt, kennt er nur noch eine Frage:
Sein oder nicht sein? So sehen also die neuen Seinsfragen
aus.

Das, was die verblichene DDR an Verwertbarem hinterlassen hat, die Immobile, muss neuverteilt werden, damit
die Ostgebiete zu einem schönen, wertvollen Westgrund-
stück zusammenwachsen. Was da einmal Volkseigentum war, also keinem von uns je gehört hat, ist unter den
Hammer gekommen, also zur Immobilmachung freige-
geben. Der Hammer aber heißt Treuhand und schwebt
über uns allen.

Ich hatte seinerzeit, also noch zu schlechter alter DDR-
Zeit, einmal im Scherz vorgeschlagen, man solle angesichts der Verkommenheit unserer volkseigenen Dörfer
und Städte diese ganze Republik parzellieren und jedem
Bürger sein Stückchen Land zuteilen, auf dass er es in
Ordnung halte, wie der Privatbürger eben seinen Privatbesitz in Ordnung hält. Wie wir inzwischen alle wissen,
wurde da-raus nichts. Und so ist denn die ganze schöne,
sozialistisch genannte Planwirtschaft an unserer so gar
nicht sozialistischen Menschengemeinschaft gescheitert.

Was bleibt uns jetzt übrig, als es mal mit der freien
Marktwirtschaft zu versuchen? Und siehe, die Treuhand
macht jetzt ernst mit meinem scherzhaft gemeinten Vorschlag – sie parzelliert und verkauft. Ja, manchmal scheint
sie geradezu zu verschenken, was ihr so wenig gehört, wie
es uns je gehört hatte. Und siehe, auch wenn man manchmal das traurige Gefühl haben mag, dass uns eigentlich

keiner so recht will, unsern Grund und Boden wollen sie alle. Also erübrigt sich endlich die dumme Frage, was wir in die deutsche Einheit einzubringen hätten. Plötzlich aber taucht ein Problem auf, das die Marktwirtschaft am wenigsten verträgt: ungeklärte Besitzverhältnisse. Alle Verhältnisse dürfen ungeklärt bleiben – das Verhältnis zur Umwelt, zum Paragrafen 218 oder 175 – nicht aber die Besitzverhältnisse, die in dem einen Grundsatz münden: Wer hat, der hat. Und genau das ist im Osten jetzt fast überall unklar. Denn es meldet sich plötzlich nicht nur, wer hat, sondern auch jeder, der mal hatte. Und wenn es nur eine obersächsische Großtante war, die einmal irgendwo zwischen Dresden und Freital ein Gemüsebeet hatte. Hat, wer einst die Großtante hatte, auch wenn er sie persönlich nicht kannte, jetzt nicht wenigstens Anspruch auf eben dieses Gemüsebeet? Jede ideelle Großtante materialisiert sich jetzt in einen realen Besitzanspruch. Und wo werden Besitzverhältnisse in einem Rechtsstaat geklärt? Auf dem Rechtswege natürlich.

Nun meinen viele von uns immer noch, bei diesem Rechtsweg handele es sich um eine breite Straße, die geradewegs zur Gerechtigkeit führe. Rechtssprechung aber hat mit Gerechtigkeit in etwa so viel zu tun, wie es die DDR mit dem Sozialismus hatte. Was Rechtssprechung vermag, erkennen wir ziemlich genau, wenn wir einmal den Mielke-Prozess mit den Mauerschützenprozessen vergleichen. Zum Glück sind die wenigsten von uns Grenzschützen, und Mielkes Lederhut muss sich gar keiner von uns aufsetzen. Aber der eine oder andere unter uns hielt sich doch für den Besitzer – sagen wir – eines Arbeitsplatzes, einer kleinen Wohnung oder sogar eines eigenen Häuschens mit Garten. Zu mehr brachte man es ja nicht zu Zeiten des 40-jährigen Unrechts. Und es war ja auch eigentlich nichts wert. Plötzlich steht aber gerade das einst so Wertlose zur Debatte. Der erfahrene Graf Lambsdorff hat einmal gesagt, wenn man zum Beispiel das Recht auf Arbeit in die Verfassung schreiben wollte, könnte man auch gleich das Recht auf schönes Wetter hineinschreiben. Also zum Arbeitsplatz dürfte der Rechtsweg schon mal nicht führen. Ob das jetzt gültige Mietrecht zu einer neuen, schöneren Wohnung führt, ist zumindest zu bezweifeln. Bisher führte es nur zur schöneren Miete. Aber seit wir für den alten Wohnkomfort diese neue Miete zahlen dürfen, wissen wir unsere Wohnungen auch erst so richtig zu schätzen.

Nicht zu schätzen wissen wir die Großmut vieler Alteigentümer, die uns vierzig Jahre lang auf ihrem Grund und Boden haben wohnen lassen, nur weil das SED-Regime sie nicht zu uns herein- und uns nicht zu ihnen hinausgelassen hat. Wenn es ganz gerecht zuginge, müssten wir doch jetzt überhaupt erst mal alle Mietschulden nachzahlen, die sich in den vierzig Jahren bei uns angesammelt haben. Aber zu solcher Gerechtigkeit führt eben auch im Rechtsstaat noch kein Rechtsweg. Also wollen wir doch froh sein, wenn der Alteigentümer uns, ohne weitere Entschädigung zu verlangen, nur aus der Wohnung setzt. Müssten wir die ganze Miete nachzahlen, kämen wir gleich in den Schuldenturm. So bleibt uns wenigstens der freie Himmel.

Und der Rechtsweg. Wer sich ungerecht behandelt fühlt, kann ja vor Gericht gehen. Das machen uns doch unsere lieben Alteigentümer gerade vor. Die Besitzansprüche können für den gesunden Menschenverstand noch so weit hergeholt sein, ein geschickter Rechtsanwalt vermag einem zu Rechten verhelfen, von denen man kaum zu träumen wagte.

Und haben wir hier im Osten nicht wirklich alles verkommen lassen, während unsere jetzt wieder so nahen Verwandten sich in der Ferne um ihren verloren geglaubten Besitz schier verzehrten? Müssen wir nicht dankbar sein, dass sie sich unserer verseuchten Erde endlich wieder annehmen? Sie wissen doch schließlich, wie man diese Erde überhaupt erst bewohnbar macht.

Sie müssen auch nicht fürchten, dass etwa der liebe Gott plötzlich herunterkäme, um seinen Besitzanspruch auf die von ihm geschaffene Erde geltend zu machen. Gott mag die Erde geschaffen haben, aber von unseren Rechtswegen und ihren Instanzen hat er keine Ahnung. Nicht einmal auf ein Grundbuch könnte er sich berufen. Seine Bibel trägt auch nicht den kleinsten Behördenstempel, der überhaupt erst einen Besitzanspruch rechtfertigen könnte. Aber ich fürchte, wenn dieser liebe Gott den Zustand dieser von uns bewirtschafteten Welt sähe, er würde ohnehin auf Rückgabe verzichten, und zwar entschädigungslos.

(1993)

Wieso ich lieber blauäugig bin als blind

Nein, ich will nicht recht behalten. Ein Satiriker, der zum Klassiker wird, kann nicht am Ziel seiner Wünsche sein. Heine und Tucholsky wären wohl nicht böse, wenn man heute über ihr Werk sagen könnte: ganz schön geschrieben, aber längst nicht mehr unsre Sorgen.

Teil der deutschen Misere ist, dass sie noch alle ihre Kritiker überlebt hat, um sich dann mit ihnen zu schmücken. Das andere Deutschland, auf das sich das eigentliche Deutschland immer dann beruft, wenn der Scherbenhaufen angerichtet ist, musste zu Lebzeiten meist emigrieren. Dass es in der Bundesrepublik einen Büchner-Preis gibt, heißt noch lange nicht, dass er heute einem Büchner verliehen würde. Dem Dichter Volker Braun wurde zu DDR-Zeiten vorgeworfen, er hänge Utopien nach. Nach dem Ende des absolut utopiefreien Sozialismus wird vom Ende aller Utopien gesprochen. Das ist ein realpolitischer Kehraus, der wohl suggerieren soll, dass es zum Bestehenden nun mal keine Alternative gibt. Ich muss nicht Kohl zum Kanzler haben, um mir eine Alternative vorstellen zu können. Ich brauche schließlich auch keinen Triebtäter als Beispiel für die These zu nehmen, dass der Mensch nun mal so ist, wie er ist. Wir ehemaligen DDR-Bürger beweisen doch gerade, dass wir gar nicht so sind, wie wir waren.

Nein, mir wurden in dieser DDR zu viele ewige Wahrheiten gepredigt, um noch an eine einzige glauben zu können. Die nicht weniger ewige Wahrheit, dass der Mensch eben so ist, wie er ist, wurde von ebendiesem Menschen immer mal wieder widerlegt. Da Marx vorerst unwiderruflich widerlegt ist, berufe ich mich ausdrücklich nicht auf seinen Satz vom Sein, das da das Bewusstsein bestimmen soll, sondern versuche eher realpolitisch zu formulieren: Gewisse Rahmenbedingungen braucht der Mensch schon, um sich so oder so zu verhalten.

Kannibalen werden nicht als Kannibalen geboren, sie haben aber gelernt zu essen, was auf den Tisch kommt. Und die Vegetarier unter uns Kannibalen haben ihren festen Glauben an das Gute in ihrer Ernährung auch nicht aus der Muttermilch gesogen. Ich will nicht bestreiten, dass manche meiner charakterlichen Mängel angeboren sein können. Manche wurden mir auch mit Sorgfalt anerzogen, die meisten habe ich mir durchaus freiwillig abgeguckt.

Dass ich feige bin, dass ich mich abgefunden habe mit Dingen, die in der DDR eben so waren, kann ich weder mit einer traumatischen Kindheit noch mit der Allgegenwart der Staatssicherheit entschuldigen. Ich wurde nicht gelebt, ich habe gelebt. Also habe ich auch höchst eigenmächtig versagt, wo ich versagt habe.

Zu DDR-Zeiten hatten wir uns angewöhnt, keinen Fehler bei uns, aber alle im System zu suchen. Da war kein Kellner schuld an seiner Unfreundlichkeit, kein Handwerker konnte etwas für seinen eigenhändig angerichteten Pfusch. Alles lag am System. Wenn heute derselbe Handwerker unter veränderten binnenwirtschaftlichen Bedingungen Steuern hinterzieht, neigen wir dazu, auch das aufs System zu schieben. Von Lambsdorff lernen heißt eben heute siegen lernen.

Und ist es in der für uns so neuen Freiheit von polizeilicher Überwachung nicht auch üblich geworden, Ausländer oder ihre Wohnungen anzuzünden? Und liegt das nicht etwa an diesem System, das so unbegreifliche soziale Unterschiede nicht nur zulässt, sondern produziert?

Wenn der Mensch aber so ist, wie er eben ist, und man ihn nicht ändern kann, was regen wir uns dann auf über Ausländerfeindlichkeit? Die Angst vor dem Fremden, vor allem vor der fremden Armut, wenn einem die eigene Armut plötzlich vertraut wird, produziert bei uns Menschen nun mal Hass und Gewalt.

Wenn schon zurück zur Natur, warum dann nicht wirklich auf die Bäume, wir Affen? Womit ich um Gottes willen nicht die heute und in Freiheit lebenden Affen beleidigen möchte. Sie halten, wenn ihre tierischen Verhältnisse das erlauben, gewisse Regeln des Umgangs miteinander ein. Sie folgen ihrem Instinkt.

An die Stelle des Instinktes ist bei uns Menschen die öffentliche Meinung und das Feuilleton getreten. Wenn aber diese öffentliche Meinung nach rechts rückt, folgen ihr alle Parteien. Und das Feuilleton beklagt oder konstatiert einfach das Ende aller Utopien. Der Mensch ist eben so.

Und die unverbesserlichen linken Spinner – Rechte spinnen nicht, sie schaffen Tatsachen – sitzen weinend in der Ecke, weil alle über sie lachen. Mein Gott, haben wir damals in der DDR über Leute gelacht, die noch an den lieben Gott glaubten, obwohl Gagarin im Weltraum war und diesen lieben Gott da nicht getroffen hatte. Von ähnlichem Humor ist die Kunde vom Ende der Utopie.

Thomas Mann irrte, wenn er behauptete, die Menschwerdung bleibe ewig unerledigt. Sie ist erledigt. Der Mensch ist eben so. Das steht im Spiegel, in der FAZ und überall da, wo man sich keine Illusionen mehr macht.

Anfang der achtziger Jahre hing hier in Ost-Berlin eine Losung, über die ich seinerzeit sehr gelacht habe: »Die Ideen von Marx und Engels werden siegen, weil sie wahr sind.« Daran glaubten dieselben Leute, die dem Dichter Volker Braun vorwarfen, Utopien anzuhängen statt zu akzeptieren, dass die Machtfrage längst an die Stelle der Gretchenfrage gerückt war.

Unser Trick im DDR-Kabarett bestand darin, dass wir die erlebte Wirklichkeit mit den propagierten Idealen verglichen. Der Vergleich geriet auf tragische Art komisch. Die real existierende Demokratie in der Bundesrepublik lässt sich mit nichts mehr vergleichen. Oder glaubt hier noch einer an Ideale nach dem Ende aller Utopie?

(1993)

Wieso man uns alles erklären konnte

Jedes Schulkind in der DDR lernte frühzeitig, dass die Welt erklärbar wäre. Es genügte, eine wissenschaftliche Weltanschauung zu haben. Dafür brauchte man die Welt selbst gar nicht zu sehen, die richtige Weltanschauung erwarb man innerhalb der Grenzen der DDR. Schon das Schulkind lernte Antworten, bevor ihm die Fragen dazu eingefallen waren. Die Mauer war ein antifaschistischer Schutzwall und also erklärt. Wer sie trotzdem infrage stellte, dem fehlte es an der erwähnten wissenschaftlichen Weltanschauung, mit der allein man alles richtig sah.

Fragen, auf die es noch keine offiziellen Antworten gab, waren einfach falsch gestellt. »So steht die Frage nicht«, sagte man, und dann wurde die Frage so lange umgestellt, bis sie zu den zuvor gefundenen Antworten passte. In besonders kritischen Zeiten wurde jede kritische Frage mit der herzigen Gegenfrage beantwortet: »Bist du für den Frieden?« Wer hätte gewagt, diese Frage zu verneinen? Und weil man für den Frieden war, hatte man die zum Ehrenkleid ernannte Uniform der Nationalen Volksarmee anzuziehen und diesen Frieden mit der Waffe in der Hand zu verteidigen. So einfach war das.

Aber obwohl alles so einfach war, wurde es doch immer und überall wieder erklärt. Den Genossen unter uns wurde die Welt im Parteilehrjahr erklärt, den Mitgliedern der Freien Deutschen Jugend, also etwa 98 Prozent aller DDR-Jugendlichen, im FDJ-Studienjahr. Die Gewerkschaft schulte ihre Mitglieder, alle Massenorganisationen veranstalteten Schulungen, auf denen immer wieder dieselben Fragen mit denselben Antworten versehen wurden. Manchmal war auch – so nannte man das – eine neue Frage herangereift, etwa ob man den DDR-Bürgern das Westfernsehen denn wirklich verbieten könnte. Die verblüffend revolutionäre, neue Antwort auf diese neue Frage aber lautete: »Nein, aber um so mehr müssen wir unsere ideologische Arbeit verstärken.«

Ideologische Arbeit aber bedeutete noch mehr Schulungen, noch mehr Versammlungen, um den Leuten wenigstens die Zeit fürs Westfernsehen zu rauben. Ganze Berufszweige waren mit nichts anderem befasst, als den Leuten ihr Weltbild zu erklären, natürlich streng wissenschaftlich.

Ich lernte bereits als sehr junger Pionier, zu einer Zeit, als all mein Bewusstsein vom Hunger bestimmt war, was Kommunismus wäre. Mein Geschichtslehrer, der vorher

Bäcker gewesen war, hatte eine sehr einfache und schon deshalb wunderbare Erklärung gefunden. Im Kommunismus könnte jeder von uns einfach zum Bäcker gehen und sich soviel Streuselschnecken einpacken lassen, wie er wollte. Streuselschnecken aber waren für uns damals die größten aller käuflichen Delikatessen. War es ein Wunder, dass ich nur zu gern an diesen Kommunismus der unbegrenzten Streuselschnecken glauben wollte?

Ein nicht ganz so leichtgläubiger Mitschüler zweifelte damals bereits an diesem versprochenen Backwaren-paradies. Er meinte, so viele Streuselschnecken könnten gar nicht gebacken werden, wie wir essen wollten. Aber der Lehrer wusste auch hierauf eine überzeugende Antwort. Nach den ersten Bauchschmerzen würden wir schon so vernünftig sein, nicht mehr Streuselschnecken zu verlangen, als uns gut täten.

Die späteren, mehr wissenschaftlichen Erklärungen, die uns vermittelt wurden, sprachen von der gesetzmäßigen Entwicklung vom Niederen zum Höheren. Mit dem Wort von der Gesetzmäßigkeit aller menschlichen und gesellschaftlichen Entwicklung entzog man jede Behauptung auch dem leisesten Zweifel. Der Sozialismus musste einfach gesetzmäßig siegen, das beruhigte auch den ängstlichsten Zweifler. Schließlich hatte auch der Kapitalismus gesetzmäßig über den Feudalismus gesiegt. Da musste man sich also gar keine Sorgen machen.

Der realpropagierte Sozialismus unterschied sich dadurch vom versprochenen Kommunismus, dass es in ihm noch nach Leistung gehen sollte, während im Kommunismus allein die Bedürfnisse bestimmen sollten – also doch Streuselschnecken für jedermann, bis alle Bäuche platzen. Da das aber in so bildhafter Vereinfachung absurd klingt, erfand man eine ganze Sprache, die die primitive Streuselschnecke zur wissenschaftlich fundierten, objektiven Gesetzmäßigkeit formulierte.

Diese Sprache der Partei wurde überall dort gesprochen, wo sich mehr als fünf DDR-Bürger versammelten, und gedruckt stand sie in allen »Materialien der Partei«. Das Zentralkomitee der SED veranstaltete etwa halbjährig ein Plenum, und die Materialien jedes dieser Plenen (so hieß unser Plural) waren für jeden Genossen »Anleitung zum Handeln«. Das hieß, jeder hatte zu wiederholen, was im jeweils letzten Plenum von der Partei beschlossen worden war. Als die Partei auf einem Plenum beschlossen hatte, die Robotertechnik zu entwickeln, geschah das unter anderem durch einfache Umbenennung. Jeder Halbautomat wurde zum Vollautomaten, jeder Vollautomat zum Roboter erklärt, und schon war geschehen, was in unseren Losungen stand: »Was die Partei beschloss, wird sein.«

Eine wichtige Rolle in der wissenschaftlichen Aneignung unserer Wirklichkeit spielten die Losungen. Als das Fleisch knapp geworden war, stand überall: »Fisch auf jeden Tisch.« Als in der DDR zu viele Eier produziert worden waren, gab man die Losung aus: »Nimm ein Ei mehr.« Alle Welt lachte über unsere Losungen. Ich lachte auch, aber eigentlich schämte ich mich eher dafür, dass mich erwachsene Leute für so dumm hielten, an solche Losungen zu glauben. Ganz bin ich diese Scham auch in der neuen Demokratie nicht losgeworden, wo ich jetzt lesen kann »Freiheit statt Sozialismus«, was in etwa der Alternative »Kartoffeln statt Brot« entspricht.

Die neuen Dummheiten sind vielfältig, die alten waren nur einfältig, also leichter zu durchschauen. Und wir haben sie ja auch durchschaut. Immer wenn so eine neue Losung auftauchte, fragte jeder jeden: »Für wie blöd halten die uns eigentlich?«

Eine Frage, die ich übrigens in letzter Zeit bei jeder zweiten Nachricht aus Bonn wieder höre.

Aber zurück zur DDR. 1965 befasste sich das elfte Plenum der Partei mit Fragen von Kultur und Kunst. Der Kunstbegriff der Parteiführung entsprach in etwa dem, was Onkel Willy aus Posemuckel schon immer gesagt hat: »Ich hab zu Hause genug Sorgen, da brauchen die mit ihrer Kunst nicht auch noch zu kommen.« Kunst hatte die Menschen zu erbauen, die schönen Seiten des sozialistischen Lebens zu zeigen und Probleme nur dann zu behandeln, wenn sie gelöst waren. Für die Satire bedeutete das, lachend von den Fehlern der Vergangenheit Abschied zu nehmen. Alles andere war Nörgelei.

Auf jenem elften Plenum wurden – das hatte Seltenheitswert – Namen genannt. Die negative Erwähnung Stefan Heyms beispielsweise kam einem Berufsverbot gleich. Denn die »Materialien der Partei« hatten amtlichen Charakter. Aber nicht nur Künstlerinnen und Künstler wurden von der Partei gemaßregelt, auch die Petroleumlampe als Symbol kleinbürgerlich-westlicher Denkweise geriet in den Verdacht, vom Klassenfeind ins ganz und gar elektrifizierte Sozialismusbild eingeschleust zu sein.

Ich war damals Schauspieler am Berliner Kindertheater, wo es natürlich auch Schulungen gab. Uns die Weisheiten des elften Plenums näherzubringen, erschien Karl-Eduard von Schnitzler. Er hielt sich nicht auf bei Heym oder Biermann, er kam direkt auf die Petroleumlampe zu sprechen. Wörtlich sagte er: »Gegen eine Petroleumlampe in einem Film wäre ja nichts zu sagen, aber wenn in drei Filmen zehn Petroleumlampen auftauchen, dann ist das mehr als bedenklich.«

Ich erinnere mich so genau daran, weil ich nicht begreifen konnte, wieso da niemand lachte. Vermutlich war ich der einzige, der Herrn von Schnitzler zuhörte. Denn das war auch eine Besonderheit des DDR-Schulungswesens – die da geschult werden sollten, leisteten zwar keinen Widerstand, aber sie schliefen und kamen so von jeder Schulung gestärkt zurück an die Arbeit. Insofern hatte jede Schulung auch einen Sinn.

Als ich später bei der Distel als Autor arbeitete, wurde ein Philosoph zu einer unserer Autorenbesprechungen eingeladen. Er beklagte, dass zu jener Zeit – es war wohl Mitte der siebziger Jahre – in DDR-Filmen soviel gestorben würde. In einem der so tiefgründig kritisierten Filme hatte sogar eine der dargestellten sozialistischen Persönlichkeiten Selbstmord begangen. Als ich ihm entgegnete, dass sich auch mir bekannte sozialistische Persönlichkeiten von Tod und Selbstmord bedroht fühlten, gab der Philosoph das sogar zu. Da aber die marxistische Philosophie noch keine befriedigende Antwort auf die Frage des Todes gefunden hätte, sollten sich auch die Künstler zurückhalten in der Darstellung des ungelösten Sterbeproblems.

Dass ein Kommunist im Kampf um eine bessere Welt starb, das sollte ruhig dargestellt werden, da es der historischen Wahrheit entspreche. Dass aber Kommunisten in dieser besseren Welt, in der wir ja nun nachweislich leb-

ten, sterben könnten, war im sozialistischen Menschenbild nicht vorgesehen. Schon in den Geboten der Jungen
Pioniere stand nicht nur, dass diese Pioniere gut lernen,
sondern auch, dass sie fröhlich sind. Und wo schon die
Kinder so fröhlich sein sollen, kommen die Veteranen aus
dem Lachen gar nicht mehr heraus.

In ihrer Selbstdarstellung war die DDR ein Land des
Lächelns. War die Situation besonders ernst, dann berief
man sich bei uns auf den historischen Optimismus. Das
führte zu jener schlechten Laune, für die wir DDR-Bürger schon bekannt waren, bevor uns die Bundesregierung
zu ganz neuem Optimismus ermunterte. Eine Kinderzeitschrift bei uns hieß Fröhlich sein und singen, auch kurz
und liebevoll Frösi genannt. Wenn ich heute in die Ver-
lautbarungen der Bundesregierung zum Aufschwung Ost
beziehungsweise zum Solidarpakt schaue, fühle ich mich
manchmal an diese fröhliche Kinderzeitschrift erinnert.

Und als mir neulich ein leitender Herr der Berliner
Treuhand erklärte, wie wunderbar der Markt doch alles
regele, fühlte ich mich an die Streuselschnecken meines
Geschichtslehrers erinnert. Ich mag an keine Wunder mehr
glauben, seit mir so viele ganz logisch erklärt worden sind,
ohne dass auch nur eines von ihnen eingetreten wäre.

Die Entwicklung vom Niederen zum Höheren – ich
bezweifle, dass der Übergang von der Urgesellschaft zur
Sklavenhaltergesellschaft ein Fortschritt war. Was aber
den unbestreitbaren technischen Fortschritt angeht, so hat
dazu Tucholsky im Jahre 1932 alles in einem Satz gesagt:
»Man sollte gar nicht glauben, wie gut man auch ohne die
Erfindungen des Jahres 2500 auskommen kann!«

(1993)

Alibi sein und Alibi haben

Mein Gott, jetzt hat sie ihn – die deutsche Justiz ihren Honecker, und wir sind ihn endlich los, unsern bösen alten Staatsratsvorsitzenden. Er, der einst gut bewacht auf Schloss Hubertusstock saß, wenn die frei gewählten Volksvertreter einer schon immer freien Welt von ihm empfangen zu werden wünschten, er sitzt jetzt – wieder gut bewacht – in seiner Zelle in Moabit und wartet wohl vergeblich darauf, dass unser aller Kanzler, der ja nun auch sein Kanzler geworden ist, bei ihm zum Gegenbesuch auftaucht.

Dass der Kanzler sich noch zurückhält, hat mit seinem feinen Gespür für die ostdeutsche Mentalität zu tun. Schließlich hat er unseren Honecker nicht für sich, sondern zuerst einmal für uns ostdeutsche Brüder und Schwestern heimholen lassen. Mit Honecker bekommen wir nun endlich den Teil von unserem Selbstbewusstsein wieder, den man braucht, um sich selbst von allem Unrecht freisprechen zu können. Er ist unser aller allerliebstes Alibi. Dieser eine Honecker, vor dem einst alle zitterten, zittert nun endlich für alle.

Wie wir inzwischen erfahren durften, war ja selbst das Politbüro der SED mit von der Zitterpartie DDR. Nicht wegen ihres hohen Alters zitterten sie an ihrer greisen Parteispitze, nein, aus Angst vor dem hohen Alten, der da allein mit ruhiger Hand schaltete und waltete. Im Gegensatz zu unserem weisen Kanzler am Wolfgangsee, der seine Verantwortung ganz in die Hände der Geschichte gelegt hat, muss sich das schwarze Schaf Honecker vor einem ganz und gar gegenwärtigen Gericht verantworten. Es gibt also doch schon hier auf Erden eine höhere Gerechtigkeit für die ganz Hohen, wenn sie nur erst wieder ganz unten sind.

Wenn wir aber nun ganz gerecht sein wollen – und wer wollte das nicht in einem Rechtsstaat –, so müssen wir wohl auch zugeben, dass dieser eine Honecker nicht nur unser aller willkommenes Alibi in der Zelle ist, sondern daselbst auch eines hat. Denn das, wofür er nun verurteilt werden soll, für diesen ganzen Unrechtsstaat DDR, dürfte er seines Wissens gar nicht erlebt haben. Selbst seine engsten Zwangsmitarbeiter im Politbüro haben ihm immer wieder bescheinigt, worauf er sich jetzt berufen kann: den totalen Realitätsverlust. Nein, mit der DDR-Realität hatte er wirklich nichts zu tun, das können die sechzehn Millionen Opfer ihrem einen Täter bestätigen.

So, wie er jetzt den ganzen Rechtsstaat nur von seiner Zelle aus erleben kann, erlebte er sein ehemaliges Unrechtssystem von der Festung Wandlitz aus. Und Wandlitz hatte mit der DDR nur eines gemeinsam – die beide Einrichtungen umgebende Mauer. So wie uns diese Mauer den Blick in den Westen versperrte, so versperrte die Wandlitzer Mauer ihm den Blick in den Osten. Und wenn er sich mal in dringenden Regierungsangelegenheiten in die Niederungen unseres Landes begab, dann wurde ihm ausschließlich sein Bild von der DDR gezeigt. Und das war schön. Es hatte mit unserem Bild so wenig zu tun, wie der Aufschwung Ost mit der Bonner Perspektive darauf.

Und wir spalierstehenden DDR-Bürger von einst standen so unter seinem Druck, dass wir unsere jubelnde Zustimmung einfach nicht unterdrücken konnten. Denn hätte er ein schlechtes Bild von uns bekommen, hätte er den Druck ja nur zu verschärfen brauchen, und schon hätten wir noch lauter jubeln müssen. Also keiner von uns jubelte freiwillig, wenn er seinem Staatsratsvorsitzenden unter die Augen trat, aber alle jubelten doch zwangsläufig, sobald er auftauchte. Der von ihm – gewissermaßen unbewusst – ausgeübte Druck auf uns alle fand in unserer jubelnden Zustimmung sein Ventil.

Gerade diese ungeteilte Zustimmung aber ist es, die wir ihm jetzt nicht verzeihen können. Dass so viele von uns seinerzeit auch dem Kanzler zugejubelt haben, als sein Kopf – zur harten D-Mark geronnen – in unser aller Herzen Einzug hielt, das können wir ihm nicht mehr vorwerfen. Schließlich übte Helmut Kohl keinen Druck auf uns aus. Im Gegenteil – er selbst gab nur dem Druck der Straße nach. Und so wie sich jetzt der Druck der Straße an denen rächt, die ihn ausübten, am Volk nämlich, so möchte sich dieses Volk jetzt auch einmal an dem rächen, der einst jenen Jubel auslösenden Druck auf eben dasselbe Volk ausgeübt hatte. Wenn endlich einmal ein konkreter Politiker zur Verantwortung gezogen werden kann, dann weicht vielleicht auch die allgemeine Politikverdrossenheit. An Honecker kommen wir jetzt vielleicht ran, ob an Kohl einmal die Geschichte herankommen wird, kann nur dieselbe entscheiden. Also, wenn der Kohl schon auf dem Dach bleibt, dann wollen wir wenigstens den Honecker in der Hand haben. Einmal einen Mächtigen so richtig ohnmächtig sehen, das lässt einen alle eigene Ohnmacht wenigstens für einen historischen Augenblick vergessen.

(1993)

Neujahrsansprache

Zu den wenigen ewigen Wahrheiten, die die Wende bei uns im Osten überlebt haben, nachdem alle Utopien für uns, also für immer, gestorben sind, gehört das mutige Bekenntnis zum neuen Jahr, das wir alle Jahre wieder begrüßen mit dem Ruf: »Prost Neujahr!«

Weniger feierliche Ereignisse begrüßen wir auch, und zwar mit dem nicht weniger gültigen Ruf: PROST MAHLZEIT! Das sind Worte, die wir alle noch ungestraft ausrufen dürfen, ohne in den Verdacht zu geraten, unverbesserliche Stalinisten zu sein. Wer dagegen heute noch auf Plaste und Elaste, Goldbroiler und Vollbeschäftigung herumreitet, entlarvt sich selbst als Ewiggestriger. Heute sagen wir, was immer uns auch zustößt: »Prost Mahlzeit!« Etwa wenn uns der neue Mietbescheid ins alte Haus flattert und vom Aufschwung Ost kündet.

Der Kanzler selbst hat sich in Oggersheim ein Reck auf den Marktplatz stellen lassen, um dort jeden Morgen persönlich diesen Aufschwung mit dem Gesicht nach Osten zu üben. Nein, unser Kanzler ist kein nasser Sack. Er hängt nur mit dem ganzen Gewicht seiner Persönlichkeit am Osten.

Wir indessen begrüßen von hier aus die Folgen seiner Politik mit einem dreifachen »Prost Mahlzeit!« Dass diesem Kanzler im vergangenen Jahr die Eier gleich mehrmals um die Ohren flogen, zeugt doch von der Notwendigkeit, dass bei ihm der Blauhelm endlich zum Einsatz kommt.

Als politisch vom Volk Verfolgter genießt er weiterhin Asyl in Bonn. Denn im Land Berlin werden, anders als im

Land Rumänien etwa, nicht nur vagabundierende Zigeuner, sondern auch demonstrierende Politiker verfolgt und dann nach Bonn wieder abgeschoben. Sie sind inzwischen in ihr altes Sammellager, ins Wasserwerk, zurückgekehrt, nachdem man ihnen im neuen Bundestag das Wort abgedreht hatte. »Prost Mahlzeit!«, wir begrüßen das.

Wir begrüßen überhaupt alles, was aus Bonn kommt, und schlucken es. So wird aus dem Aufschwung Ost ein allgemeiner Schluckauf Ost. Ans Schlucken sind wir gewöhnt aus Diktaturzeiten. Da lassen wir uns von keinem Demokraten etwas vorschlucken. Wir lernten schlucken, ohne aufzumucken.

Auch die Gesundheitsreform haben wir geschluckt. Wir ostdeutschen Dauerpatienten finden uns inzwischen in privaten Selbstheilungsgruppen zusammen, um dort unsere Krankheiten kostengünstig zu besprechen. Den Einsatz mobiler Eingreiftruppen des Verbandes berittener Zahnärzte Deutschlands beobachteten wir mit tiefem Verständnis. Auch Zahnärzte werden schließlich nicht als Millionäre geboren. Sie müssen sich ihre Millionen erst erbohren. Wir haben doch nur Löcher. Die Zahnärzte machen was draus. Auch der Bundeshaushalt hat Löcher, aber Doktor Waigel macht sich nichts daraus. Ein Bundesfinanzminister spart nicht, er lässt sparen, und zwar von denen, die sowieso sparen müssen. Ein Sozialhilfeempfänger spart immer wieder gern. Er gehört nun mal nicht zu den Es-besser-verdient-Habenden. Wer hat, der hat nun mal besser verdient, während wer nicht hat, es auch nicht besser verdient hat. Solidarpakt kann doch nur heißen, dass die Armen im reichen Westen für die Reichen im armen Osten bezahlen. Dass es inzwischen auch im

Osten immer mehr Reiche gibt, konnte doch nur erreicht werden durch die Bereitschaft von immer mehr Armen in Ost und West, zu teilen. Armut teilt sich nun mal leichter als Reichtum. Wo nichts ist, da gibt es auch keinen Streit. Armut ist ein Glanz von innen, während Reichtum nur außen glänzt. Und Deutschlands Glanz bestand immer in seiner Innerlichkeit.

Für Notfälle steht auch der Nachfolger von Bundesfinanzminister Waigel schon fest – Alexander Schalck-Golodkowski. Er hat ein schlüssiges Konzept vorgelegt: Sanierung der Bundesfinanzen durch Verlegung der Armutsgrenze auf das Niveau von Bangladesch. Damit würde ein großer Schritt getan auf dem Wege der Annäherung der Lebensverhältnisse in Ost und West. Nach Schalcks Berechnungen könnte München bereits im Jahre 1994 den Lebensstandard von Halle/Bitterfeld erreichen.

Aber noch ist das Zukunftsmusik. Erst mal müssen die Steuern der Besserverdienenden gesenkt werden, wie das bereits mit den Einkommen der Schlechterverdienenden geschehen ist.

Bundesverkehrsminister Krause plant die Einführung der Straßenbenutzungsgebühr für Obdachlose, also ihre Verlagerung von der Straße auf die Schiene. Entsprechende Vignetten sind von den Obdachlosen an der Stirn zu tragen. Bundesinnenminister Seiters plant einen Empfang für alle Asylbewerber in Deutschland, auf dem er ihnen verkünden will: »Ich liebe euch alle!« Mielke soll schon Klage eingereicht haben wegen des Diebstahls geistigen Eigentums. Seiters hat dazu erklären lassen, in seiner Menschenliebe ließe er sich von keinem übertreffen. Zwischen dem Einsperren von Landsleuten und dem Aussperren von Ausländern gäbe es einen qualitativen Unterschied. Dieser Unterschied soll jetzt von einem Unterschieds- Untersuchungsausschuss ermittelt werden. Ausschussvorsitzender soll Pfarrer Eppelmann werden, der jeden Ausschuss mitmacht, wenn er nur vorsitzen darf. Dass Stolpe auch das neue Jahr noch als Ministerpräsident erblickt hat, liegt nur daran, dass er Bruder Eppelmanns Rat in den Wind schlug und die Hose nicht herunterließ. Politikerhosen eignen sich grundsätzlich nicht zum Herunterlassen, das dürfte auch Eppelmann aus eigener Hose bestätigen können.

Politiker, die nichts zu verbergen haben, haben noch nicht regiert. Regieren geht ohne studieren, aber nicht ohne zu korrumpieren. Ein Schalck, wer Böses vom Kanzler weiß. Wissen allein ist Macht, aber Mitwissen macht sicher. Wüsste der Kanzler nicht, was Schalck weiß – also ohne Wissen des Kanzlers säße Schalck schon längst im Gefängnis. Mitwissen jedoch schützt vor Strafverfolgung.

Wir alle wissen ja auch, dass wir so, wie wir leben, nicht weiterleben dürfen, wenn wir überleben wollen. Aber da auch dieses Wissen ein reines Mitwissen ist, wird es – Prost Neujahr! – auch im neuen Jahr keine Folgen haben. Wir übernehmen wie unser Kanzler nur die Verantwortung vor der von ihm studierten Geschichte. Die Folgen müssen in Zukunft unsere Kinder tragen. Wir verantworten das Ozonloch nur. So richtig ausleben dürfen es erst unsere Kinder. Was wir im Einzelnen mit dem neuen Jahr anfangen, ist noch unsicher. Sicher ist nur, der Kanzler wird es für uns alle aussitzen. Frau Merkel wird ihm mit ihrem unwiderstehlichen mecklenburgischen

Landmädchencharme die Füße kraulen. Rühe wird seinen Dolch weiter im Gewande tragen und uns sein Jägerlight-Latein erzählen. Krause wird die Acht-Promille-Grenze auf Deutschlands Autostraßen durchsetzen. Die Karlsruher Richter werden auf ihren Bauchnabel starren und nicht begreifen, dass auch sie einst hätten abgetrieben werden können. Nichts hinge dann heute noch von ihnen ab. Gott schütze das geborene Leben vor denen, die nur das ungeborene schützen wollen, ohne selbst noch zeugungsfähig zu sein.

Der Papst wird in der Dritten Welt endlich den Hunger verbieten. Europa wird die Waffen liefern, um das christliche Verbot durchzusetzen. Amerika wird Ölquellen im Kampfgebiet entdecken. Das Fernsehen wird alles live übertragen – wir werden also auch im neuen Jahr die alte Welt von der ersten Reihe aus beobachten können. Prost Neujahr!

(1993)

Wenn wir den Krieg verloren hätten

Wenn wir den Krieg verloren hätten,
erginge es uns Deutschen schlecht.
Denn alle Polen, Russen, Letten,
der ganze Abschaum wär im Recht.

Zigeuner dürften sich jetzt rächen,
weil wir nicht alle umgebracht.
Mal einen Deutschen abzustechen,
das wäre nichts, was man nicht macht.

In engen Sammellagern hockte
das deutsche Volk jetzt ohne Raum.
Der blinde Deutschenhass frohlockte,
und deutsches Leben zählte kaum.

Der Semitismus würde blühen.
Die Juden würden ihren Stern
auf deutsche Heldengräber sprühen,
und alle Linken sähn das gern.

Faschisten müssten wieder leiden.
Die Kommunisten wärn fein raus.
Sie dürften Postämter bekleiden.
Ganz Deutschland wär ein Armenhaus.

Doch dass wir diesen Krieg verloren,
war Gott sei Dank nur ein Gerücht.
Was wir verlorn, ist das Gedächtnis.
Denn mehr verlieren Deutsche nicht.

(1993)

Wer will eigentlich die DDR wiederhaben?

Es gibt eine altwestdeutsche Volksweisheit: Wer aus dem
Saustall einer Diktatur kommt, der sollte nicht noch in der
guten Stube der Demokratie auf den Teppich meckern.
Wer früher in der Bundesrepublik gemeckert hat, dem
wurde gesagt: Geht doch nach drüben. Jetzt, wo es kein
Drüben mehr gibt, sondern nur noch ein Jenseits, fragen

uns die von drüben, wenn wir hier meckern, nur noch: Du willst wohl deine alte DDR wiederhaben? Und wenn die Frage kommt, und sie kommt nicht immer, aber immer öfter, dann kommt uns alles hoch, was uns so verbindet: Dann kotzen wir uns nur noch an. Da sind die vierzig Jahre Weihnachtspäckchen vergessen, und der gebrauchte Westwagen vor der ostdeutschen Haustür zählt gar nicht mehr. Dann gilt nur noch, was Tante Erna in Dresden schon zu Zeiten der Weimarer Republik von der ganzen Pforzheimer Sippe gesagt hatte: Die warten doch nur darauf, dass Onkel Albert stirbt, um hier alles wegschleppen zu können.

Ja, die deutsche Einheit hat das deutsche Familienleben sozusagen auf den Vorkriegsstand zurückgeworfen. Das unter Stacheldraht und Mauer begrabene Kriegsbeil wird wieder ausgegraben, und dann ist alles wieder wie in Friedenszeiten, als sich die Familie auch nur noch vor Gericht gesehen hat. Aber nicht nur an angeborenen Familienbanden, nein, auch an selbstverschuldeten Freundschaftsbanden knüpfen wir uns gegenseitig auf. Jetzt treten die alten Wahrheiten endlich wieder zutage: Die einen sind sowieso bloß hinter dem Geld her, während die andern schon immer zu faul zum Arbeiten waren. Das sind nämlich die ewigen deutschen Wahrheiten, die das SED-Regime nur so lange unterdrückt hatte. Hätten sie uns früher zusammenkommen lassen, es wäre doch nie zu dieser Einheit gekommen, in der die Ossis nur alles behalten und die Wessis nichts hergeben wollen. Geben lassen ist seliger denn nehmen lassen. Die christliche Nächstenliebe ist kein leerer Wahn: Auge um Auge, Zahn um Zahn!

Nein, nein, der deutsche Familienfrieden war nur ein

durch Mauer und Stacheldraht erzwungener Waffenstillstand. Der kalte Krieg hat die Familien getrennt, der heiße Frieden lässt sie wieder aufeinander los. Der eine Familienteil hat in vierzig Jahren Freiheit hart arbeiten müssen, während der andere Teil unter der Diktatur nur faul herumgelungert hat. Die einen haben gelitten, während die andern immer nur genossen haben. Die einen waren Genossen, die andern haben genossen. Auf jeden Fall wird wieder scharf geschossen zwischen Genießern und Genossen. Und wer vierzig Jahre lang in der DDR in einer Liebknecht-, Luxemburg- oder Leninstraße gewohnt hat, der war doch irgendwie Genosse, ob er nun in der Partei war oder nicht. Sage mir, wo du wohnst, und ich sage dir, was du bist.

Aber wer nun die DDR wiederhaben will … Ich versichere Ihnen: Wir nicht. Wir hatten sie ja lange genug. Aber die armen Bundesbürger, die uns jetzt plötzlich alle am Hals haben, die wären uns wohl ganz gern wieder los. Wie gern würden die uns wieder ihre Westpakete schicken, statt uns nun als Steuerpaket ewig mit sich herumzuschleppen! Also auf die theoretische Frage, wer die DDR wiederhaben will, gibt es nur eine praktische Antwort: Die Altbundesbürger. Also gebt ihnen endlich unsere DDR zurück, und keinem wird es mehr schlechter gehen!

(1994)

Was wählt das deutsche Schaf?
Ein Hirtenbrief

Das deutsche Schaf glaubt fest daran, dass ihm sein Hirte von Gott gesandt wurde. Also folgt es ihm bedingungslos sowohl in jede beliebige Diktatur als auch in eine ebenso beliebige Demokratie. In einer Demokratie dürfen die Schafe alle vier Jahre einen neuen Leithammel wählen. Das gibt ihnen ein untrügliches Gefühl von Mitbestimmung. Leithammel kommen und gehen, die Herde bleibt bestehen. Wie schnell ein roter Leithammel zum schwarzen Schaf werden kann, haben wir alle erlebt. Der Übergang zum schwarzen Leithammel war für die Herde problemlos. Denn Schafe führen ja nicht, sie folgen nur, sind also für die Folgen ihres Folgens auch nicht verantwortlich zu machen.

Der Leithammel, der ihnen das fetteste Gras verspricht, hat nach Ansicht der Herde die besten Führungsqualitäten. Manchmal reicht es auch schon, dass ein Leithammel ausruft: »Ich sehe Gras am Ende des Holzweges!« Und schon folgt ihm die Herde weitere vier magere Jahre. Zwar nimmt jeder Holzweg mal ein Ende, aber das ist für die Herde auch kein Problem. Dann heißt es kurz »Klar zur Wende!«, und das, was Schwanz war, ist jetzt Kopf und umgekehrt. Für die Herde ist nicht die Richtung entscheidend, sondern das Gemeinschaftsgefühl. Schafe sind keine Einzelgänger, ihre Identität ist die Herde. Ihren vollkommenen Ausdruck findet die Herde natürlich in der Mitte, wo kein Schaf merkt, in welche Richtung es eigentlich läuft.

Die roten Leithammel des Ostens behaupteten seinerzeit: Im Mittelpunkt steht das Schaf. Damit sollte verschleiert werden, dass das Schaf mitgelaufen ist. Die neuen Leithammel verschleiern nichts mehr. Allerdings behaupten sie auch nicht mehr zu führen, sondern nur noch zu folgen – und zwar ihrem Gewissen. Und da das Gewissen heute keine Parteien mehr kennt, sondern nur noch die deutsche Hammelherde, ist es für das einzelne Schaf auch gleichgültig geworden, welchen Leithammel es wählt – wichtig ist nur, dass er aus der Mitte kommt, um den gesunden Kreislauf der endgültigen Demokratie niemals enden zu lassen. Vom Standpunkt des Hirten aus hat also das deutsche Schaf ganz freie Wahl.

(1994)

Toleranz in den Grenzen von 1994

Wie wär's, wenn wir alle im neuen Jahr mal wieder auf die Straße gingen und Freiheit für die Andersdenkenden forderten? Zu DDR-Zeiten riskierte man, dafür eingesperrt zu werden. Heute riskiert man, wenn man überhaupt bemerkt wird, dafür höchstens noch mitleidig belächelt zu werden. Toleranz ist in der Demokratie so selbstverständlich, dass man sie gar nicht mehr wahrnimmt. Was muss ein Konrad Weiß über einen Alfred Hrdlicka wissen, um über ihn urteilen zu können? Und jeder Broder- und Lästerzunge reicht ein schiefer Halbsatz für ein ganzes Urteil. Jeder ist sein eigener Biedermann und der andere ein Brandstifter.

Und ein Stasi-Verdacht ist sowieso über jeden Beweis erhaben. Im Zweifel machen wir den politischen Gegner einfach zum Angeklagten. Das dient zwar selten der Wahrheitsfindung, erhöht aber wenigstens den Unterhaltungswert. Was ist Grishams Akte gegen die Akten von Gauck? Und wenn dann einer, dessen Meinung ich in diesem Punkt nicht teile, vorschlägt, mit Mielkes Erbe ein Freudenfeuer zu veranstalten, dann muss er es sich gefallen lassen, mit Bücherverbrennern auf eine Stufe gestellt zu werden. So viel Freiheit hat man nun mal, auch wenn man gar nicht denkt. Sagen darf man alles, und wenn es auch nur den geringsten Schlagzeilenwert hat, dann wird es auch gedruckt.

Selbst die Bundestagsrede des Altersdissidenten Stefan Heym wurde gedruckt. Im Bundestag schien sie jedenfalls ungehört zu verhallen. Die meisten Abgeordneten übten die angeordnete Parteidisziplin und folgten dem Blick des Kanzlers ins Leere. Dabei hätten sie allesamt den Heym verstehen können, denn nicht einmal intellektuell hat er sie überfordert.

Man stelle sich nur einmal vor, der Kohl hätte dem Heym wirklich zugehört. Er hätte ihm doch sagen müssen: »So ausgewogen wie Sie, Herr Heym, hätte ich das vielleicht nicht mal formuliert!«

Nun will ich dem Kohl nicht unterstellen, er könnte formulieren wie Heym. Aber dass er Heyms Formulierungen hätte verstehen können, das traue ich ihm schon zu.

Aber wo in der Diktatur abgehört wurde, wird in der Demokratie einfach nicht zugehört. Toleranz und Gleichgültigkeit treffen sich eben – anders als die Parallelen – nicht unbedingt erst im Unendlichen.

Dass sich daran im neuen Jahr etwas ändern könnte,

daran glaube ich zwar nicht, aber im Übrigen glaube ich fest an dieses neue Jahr. Es wird wohl ein mittleres Jahr werden, also schlechter als das vergangene, aber immer noch besser als das nächste. Sollte die UNO es auch zum Jahr der Toleranz erklären, so tröstet mich immerhin, dass das nun vergangene Jahr ein Jahr der Familie war. Und das ist doch zweifellos ganz und gar spurlos am deutschen Familienleben vorbeigegangen. Außer einer neuen Familienministerin mit sehr alten Ansichten ist mir jedenfalls nichts Neues bekannt geworden.

Prognosen sind immer schwierig, besonders wenn sie die Zukunft betreffen. Aber eines scheint mir doch sicher: Wer heute schon weiß, dass er im Recht ist, wird das auch morgen nicht vergessen haben. Rechthaben ist eine sehr haltbare deutsche Tugend. Da ist die deutsche Politik genauso berechenbar, wie es das deutsche Feuilleton ist.

Die eine oder andere Partei wird zwar auch im neuen Jahr die eine oder andere Wahl verlieren, aber nicht ihren Wahrheitsanspruch. Denn Wahlen verliert man nicht mehr, weil man vielleicht ein falsches Programm hat, sondern nur, weil man das richtige Programm dem falschen Wähler nicht so richtig verkaufen konnte. Wahlkampf ist Marketing, und ob da für eine demokratische Partei oder ein phosphatfreies Waschmittel geworben wird, je weniger sich der Inhalt unterscheidet, desto mehr entscheidet die Verpackung. Und je passiver das Produkt, desto aggressiver muss die Werbung sein. In der Politik siegt eben nicht mehr, wer verspricht, irgendwas besser zu machen. Das glaubt sowieso keiner mehr. Es siegt der, dem es gelingt, den Gegner schlechtzumachen.

Sollte es einer Partei bei den nächsten Landtags-wahlkämpfen einfallen, mit dem Schlagwort Toleranz für sich zu werben, so können wir sicher sein, dass die anderen Parteien mit erbitterter Gegentoleranz antworten werden. Jeder wird seinen Altanspruch auf seine ganz persönliche Toleranz stellen und sich entschieden abgrenzen von jeder fremden Toleranz. Toleranz nämlich ist in Deutschland längst kein Gemeingut mehr, sondern Privatbesitz.

Und sollte im neuen Jahr wirklich noch mal jemand auf die Idee kommen, die Freiheit des Andersdenkenden zu fordern, so werden mindestens hundert verschiedene Gruppen wieder Andersdenkender aufstehen und ihren ganz persönlichen Alleinvertretungsanspruch aufs Andersdenken einfordern.

Denn Demokratie haben wir ja jetzt, und Toleranz müssen wir nur noch üben.

(1994)

Neue Zeiten, alte Zeiten

Nichts erscheint uns so vielversprechend wie der Anbruch einer neuen Zeit, mit der Frischegarantie einer unbegrenzten Haltbarkeit versehen. Und nichts altert so schnell wie eben diese neue Zeit. Je mehr wir ewig-alten Menschen uns von so einer neuen Zeit versprechen lassen, desto schneller sind wir enttäuscht von ihr. Und dann beginnen wir uns eben wieder nach der alten Zeit zu sehnen, der guten alten Zeit. Neue Zeiten kommen und gehen, die gute alte Zeit bleibt bestehen.

Mögen wir heute auch noch laut und freudig singen: »Mit uns zieht die neue Zeit!«, irgendwann – und zwar in absehbarer Zeit – werden wir umso enttäuschter fest-stellen: »Unterm Kaiser war alles besser.« Oder – wie wir heute im Osten etwas vorsichtiger, aber nicht weniger ent-täuscht sagen: »Es war nicht alles schlecht in der DDR.«

Ähnliches behaupteten schon unsere Eltern – wenn ich mich recht erinnere – von einem gewissen Hitler. Aber den können wir jetzt getrost »außen vor lassen«, wie es so schön auf westdeutsch heißt. Denn mit den Erichs wer-den die Adolfs ja nun endgültig ausgetrieben. Schließlich hatte Hitler seinem begeisterten Volk auch nur tausend Jahre Neuzeit versprochen, während vor und nach ihm den neuen Zeiten keine so engen Grenzen gesetzt wur-den.

Jener alte Kaiser hatte, lange bevor er der gute alte Kaiser wurde, seinem ebenfalls begeisterten Volk einfach verkündet: »Ich führe euch herrlichen Zeiten entgegen.« Ohne jedes Verfallsdatum also. Ähnlich vielversprechend klang es dann »Dem Morgenrot entgegen«, nicht zu ver-wechseln mit dem alten Weihnachtslied »Morgen, Kinder, wirds was geben«.

In der DDR schließlich wurde einem weniger begeister-ten, aber im Großen und Ganzen doch folgsamen Volk ver-sprochen, dass die Sonne schön wie nie über Deutschland scheint. Beim vorläufig letzten Ausbruch einer neuen Zeit versprach uns unser oberster Neuerer mit der ihm eigenen Glaubwürdigkeit blühende Landschaften. Gemeinsam ist all diesen großen Versprechen der Neuzeit ihre Naturver-bundenheit, vom herrlichen Morgenrot über die schön wie nie scheinende Sonne bis zur Landschaftsblüte.

Neue Zeiten scheinen grundsätzlich einherzugehen mit besseren Wettervorhersagen. Die Hoffnung auf dieses bessere Wetter hat sich in Deutschland zwar noch nie erfüllt, scheint aber auch nie ganz aufgegeben zu werden. Immer wieder blüht uns was oder scheint vom Himmel hoch dem Volke ein Wohlgefallen.

Dann aber folgt der erste Tiefausläufer, und schon stehen wir im Regen und wundern uns, dass die Wunder nicht länger dauern. Nirgendwo fließen – wie immer wieder versprochen – Milch und Honig, überall nur Schweiß und Tränen. Das gesamtdeutsche Hoch dauerte nur so lange, bis die erste Strophe des Deutschlandliedes gesungen war. Auch der deutsche Vereinigungstaumel war wie jedes Happy End nur der Anfang einer unendlich traurigen Geschichte. Die Talsohle ist nun endlich erreicht, aber noch längst nicht durchschritten. Sie dürfte wohl der neue Wirtschaftsstandort Deutschlands werden.

In der DDR sagten wir: »Alles wird schöner, aber nichts wird anders.« Nun ist vieles anders geworden, aber nur wenig ist auch schöner. Manches ist sogar weniger schön.

Angesichts so vieler neuer Zeiten, die ein Volk im Laufe seiner Geschichte erlebt, bleibt ihm einfach nur immer wieder die Sehnsucht nach der guten alten Zeit. Das Beruhigende an so einer guten alten Zeit ist ja, dass sie bestimmt nicht wiederkommt, während man vor neuen Zeiten nie ganz sicher sein kann. Man sollte wohl jeder neuen Zeit nur soviel Vertrauen entgegenbringen wie dem Wetterbericht. Und wenn zehnmal Sonnenschein angesagt wird: Nehmen Sie den Regenschirm ruhig mit!

(1994)

Wie zerrechne ich ein Volksvermögen?

Wir kommen jetzt zur Mathematik, zur höheren Mathematik, genauer gesagt, zur Mathematik der Höheren. Sie beginnt da, wo es sich rechnet, ohne dass einer nachrechnen könnte. Spätestens seit dem Tag der Währungsunion wissen ja auch die Ostdeutschen, Westgeld nützt einem gar nichts, wenn man damit nicht rechnen kann. Hielten manche von ihnen das Begrüßungsgeld noch für ein Startkapital, so wissen heute alle, es war eine einmalige Abfindung. Einmalig schon deshalb, weil man sich mit allem, was danach kam, abfinden musste, und zwar unentgeltlich.

In der einen Hand das Begrüßungsgeld, in der anderen Hand die Treuhand – so wurde der Osten über Nacht handlungsunfähig. Das Kapital nahm, wurde nicht gesehen und siegte trotzdem. Der Westen erbte von Marx sozusagen das Kapital, während dem Osten nur sein »Elend der Philosophie« blieb ...

Und das alles verdanken wir der Einführung der höheren Mathematik in die Niederungen des Ostens. Es begann mit der einfachen Bruchrechnung. Rohwedder rechnete den vorgefundenen Bruch mal rasch zusammen und kam auf 600 bis 650 Milliarden plus.

Als wenig später Birgit Breuel noch mal nachrechnete, machte sie aus Rohwedders altmodischer Bruchrechnung ihre moderne Zusammenbruchrechnung und ermittelte ganze 275 Milliarden minus. Sie hat sozusagen den Dezimierungsquotienten eingeführt – plus mal plus ergibt minus. Dieses Prinzip ist auch von Sozialhilfeempfängern leicht nachzuvollziehen, denn auch bei ihnen ergibt ja häufig genug Sozialhilfe plus Wohngeld ein kräftiges Minus in der Haushaltskasse.

Der Unterschied zwischen Rohwedders Plus und Birgits Minus macht eine knappe neutrale Billion aus. Um zu so einem Billionenloch zu kommen, bedarf es natürlich – anders als beim Haushaltsloch des Sozialhilfeempfängers – vieler energischer Rechenschritte. Ein solcher Schritt ist zum Beispiel der Verkauf eines Millionenobjektes für den symbolischen Preis von einer Mark. Allein daraus errechnet sich bereits ein Minus von neunhunderttausendneunhundertneunundneunzig Mark.

Diese Summe entspricht genau dem, was unter Treuhandtaschenrechnern ein Breuel genannt wird. Wie viele Breuels aber sind nötig, um auf eine Billion zu kommen? Bevor Sie nun versuchen, der Birgit Breuel nach Adam Riese auf den Rechenweg zu kommen, will ich das Ergebnis verraten: Dank der postmodernen Potenzrechnung hat ein Breuel ausgereicht. Denn sie hatte eine ausreichende Anzahl potenter Mitrechner zur Seite, die ihr halfen beiseitezubringen, was beiseitezubringen war – ein Volksvermögen.

Dieses Volksvermögen geteilt durch die vielen, vielen vermögenden Investoren aus dem Westen, da blieben unter dem Strich für den weniger vermögenden Steuerzahler Ost und West eben nur Schulden. Getreu dem Satz des Pythagoras in der Waigelschen Übersetzung: Der Gewinn auf der einen Seite ergibt sich aus dem Verlust auf der anderen Seite. Und oberstes Gesetz aller Marktwirtschaft ist nun mal: Gewinne sind zu privatisieren, damit man die Verluste vergesellschaften kann.

Und damit der Weststeuerzahler den Oststeuerzahler so richtig schön in sein Mathematikerherz schließen kann, wird ihm exakt vorgerechnet, dass er wieder mal alles für den Osten bezahlen muss. Dass dieser Osten dem Osten gar nicht mehr gehört, ist eine zu vernachlässigende Größe. Denn die wenigen Großen aus dem Westen, die das große Ostgeschäft gemacht haben, sind ja nach der Wahrscheinlichkeitsrechnung gar nicht mehr auffindbar. Sie verschwanden längst in den Steuerparadiesen dieser Erde und senden von dorther fliehend nur ohnmächtige Schauer kerniger Schneider. Der vom Druck des Kapitals befreite Ossi aber wird zum Ende dieses Jahres der größten Rechenkünstlerin deutscher Zunge nachrufen können:

Birgit, Birgit, du entschwandest,
und mit dir mein ganzes Geld.

(1994)

Der deutsche Humor ist besser als sein Ruf

Quod erat demonstrandum. Mit dem deutschen Humor ist es wie mit dem englischen Bier und dem französischen Sauerkraut – empfindsamere Gemüter behaupten, er sei ungenießbar. Das aber geht an der Wahrheit weit vorbei. Denn eines zeichnet den deutschen Humor vor dem englischen Bier und dem französischen Sauerkraut aus – es gibt ihn überhaupt nicht. Witze über Kohl, die hierzulande manche für Humor halten, sind nichts weniger als das. Sie sind reine Fahrlässigkeit.

Dass in Deutschland trotzdem hier und da gute Witze

erzählt werden, liegt allein daran, dass Deutschland ein witzoffenes Land ist. Also über andere lachen wir schon ganz gern mal. Und die deutsche Muttersprache ist im Gegensatz zum deutschen Vaterland etwas durchaus natürlich Gewachsenes, vermag also fremde Einflüsse aufzunehmen, zu verarbeiten und zur eigenen Bereicherung zu nutzen. So kommt es denn, dass man auf deutsch durchaus gute englische oder noch bessere jiddische Witze erzählen kann.

Aber wer fremde Witze erzählen kann, muss noch lange keinen eigenen Humor haben. Der gemeine deutsche Humorist, der am liebsten auf fremde Schenkel klopft, verlangt den Humor ausschließlich von seinen Zuhörern. Hätte er nicht die allgemeine deutsche Schwiegermutter und was es sonst noch gibt an Gebrechen auf der Welt, die seine Bretter sind, der Humorist müsste Größe zeigen und schweigen. Aber mit der Größe ist es wie mit dem Humor – man hat sie, oder man hat sie nicht. Und so kommt es denn, dass deutsche Humoristen nicht zum Schweigen zu überreden sind. Da sind sie wie die englischen Bierbrauer und die französischen Sauerkrauthersteller. Sie wollen nicht einsehen, dass auch ein Volk nicht alles haben kann.

Das deutsche Volk hat gutes Bier, gutes Sauerkraut und vor allem sein gutes Geld. Was braucht es da noch Humor? Dass es überhaupt deutsche Humoristen gibt, liegt daran, dass manche Leute eben anders nicht ihr gutes Geld für Bier und Sauerkraut verdienen können. Durst und Hunger aber sind im Gegensatz zum Humor deutsche Bedürfnisse, während das Bier der Engländer und das Sauerkraut der Franzosen eher Beweise für deren Humor sind.

Brecht hat mal gesagt: »Glücklich das Land, in dem man keinen Humor braucht.« Dass er damit unmöglich Deutschland gemeint haben kann, beweisen das deutsche Feuilleton und das deutsche Fernsehen als die beiden Extreme des geistigen Lebens in Deutschland. Für beide brauchte man eigentlich viel Humor. Ohne ihn erscheinen sie einem oft ähnlich ungenießbar wie dieser angeblich real-existierende deutsche Humor.

Nein, nein, der deutsche Tiefsinn, der sich über unser ebenso deutsches Flachland ergießt, sollte uns grundsätzlich misstrauisch machen gegen alles Lachen auf dieser Welt. Es sei denn, wir lachen über das französische Sauerkraut und das englische Bier. Über den deutschen Humor gibt es nichts zu lachen.

(1994)

Die Betroffenheit der Demokraten

Immer wenn in Deutschland wieder ein Ausländerheim überfallen oder angezündet wird, reagieren unsere demokratischen Politiker. Und zwar ausschließlich mit Betroffenheit. Der Grad ihrer Betroffenheit richtet sich gewöhnlich nach dem Grad des entstandenen Schadens. Bei reinem Sachschaden hält sich die Betroffenheit in den verbalen Grenzen des einfachen Bedauerns. Dann wird das alltägliche Wahlkampfflächeln für einen Moment unterbrochen von einem betroffenen Zwischenblick in die bereitgestellten Kameras. Ist es zu Personenschaden gekommen, werden die Augenblicke der Berufsbetroffenheit unserer Politiker schon mal länger und auch tiefer. Ja, auf Menschenopfer wird hier und da eben noch mit tiefer Betroffenheit, manchmal sogar mit ausgesprochener Abscheu reagiert.

Aber Betroffenheit vergeht. Handlungsbedarf besteht. Das Ausländerproblem als Wahlkampfthema kann man schließlich nicht den Rechtsradikalen überlassen. Auch die Demokraten sind gefordert, in der praktischen Politik ihre theoretische Betroffenheit zu vergessen. Der Bundespräsident mag vielleicht wieder einmal die Zeit aufbringen, um sich direkt vor Ort von so einem an sich ja unschuldig wirkenden Asylantenkind Pfötchen geben zu lassen. Daran können dann wenigstens die Fernsehzuschauer draußen in der Welt erkennen, dass nicht alle Deutschen so sind, wie sie sich vor Ausländerheimen aufzuführen pflegen. Der Bundespräsident wird schließlich nicht vom Volk direkt gewählt, kann also das sich selbst gesund nennende Volksempfinden mal außen vor lassen und praktische Betroffenheit üben.

Aktive Politiker müssen rechtzeitig zur Tagesordnung zurückkehren, und das bedeutet eben, sie müssen ihre Betroffenheit so rasch wieder abgelegt haben, dass nicht noch mehr Wähler zu den Rechtsradikalen abwandern. Als vom Volk direkt zu wählende Volksvertreter müssen sie eben auch den Teil des Volkes zu vertreten bereit sein, der das erwähnte gesunde Volksempfinden vertritt. Man muss seine Wähler ja nicht lieben, darf aber keineswegs zulassen, dass sie einem untreu werden. Da sich Politiker ihre Wähler nicht aussuchen können, müssen sich eben auch Demokraten, wenn ihre Wähler nach rechts abzuwandern drohen, mal nach rechts bewegen. Schließlich wollen wir alle den Rechtsstaat. Und rechts ist eben da, wo man den Linken die Daumenschraube anlegt, bis auch sie einsehen, ohne Verfassungsänderung ist das Rechtsradikalenproblem nicht zu lösen. Denn das Rechtsradikalenproblem kann man ja nur lösen, wenn man das Asylantenproblem gelöst hat. Anders gesagt, die Republikaner werden wir erst los, wenn wir die Asylanten los sind.

Gewiss, so einfach sagt das keiner. Ich weiß nicht einmal, ob das einer so einfach denkt. Aber so kompliziert, wie man manchmal noch denkt, wird Politik nicht gemacht. Politik ist das Einfache, dass sich die Politiker so schwer machen wollen.

Eine Partei, die mehrheitsfähig bleiben will, muss einfach immer nur da stehen, wo die Mehrheit steht. Und die ganze Krise unserer großen Parteien scheint mir nur darin zu bestehen, dass ihnen im Moment niemand sagen kann, wo die erforderliche Mehrheit steht. Denn sonst stünden sie ja längst genau da und könnten endlich wieder Farbe bekennen, die Farbe der Mehrheit nämlich. Also nicht CDU oder SPD sind schuld an der Politikverdrossenheit des Volkes, sondern INFAS. Weil INFAS nicht mehr herauskriegt, was die Mehrheit von uns wirklich will, kriegen unsere Volksparteien von uns keine Mehrheiten mehr. Die Krise der Meinungsforschung hat dazu geführt, dass das Volk seinen Parteien immer fremder wird.

Das kann nur anders werden, wenn das Volk endlich wieder den Mut aufbringt, in seiner geschlossenen Mehrheit vor die Politiker zu treten, um ihnen zu sagen, wo es langgehen soll. So, wie das Ostvolk einst geschlossen vor seinen späteren Kanzler getreten ist, um ihm zuzurufen: »Wir sind ein Volk!« Da wusste er doch wenigstens, wohin er uns führen sollte – in die Einheit. Woher soll er jetzt aber wissen, wie es weitergehen soll, wenn wir plötzlich die Sprache verloren haben vor seinen Führungsqualitäten?

Nein, nein, das sind wir unseren Politikern schon schuldig, dass wir ihnen sagen, wie sie mit uns da wieder herauskommen, wo sie uns nach unserem Willen hineingeführt haben. Wenn das Volk nicht endlich wieder klar Farbe bekennt, wird aus dem, was man heute noch harmlos Politikverdrossenheit des Volkes nennt, das werden, was es wirklich ist: eine tiefe Volksverdrossenheit unserer Politiker. Und Politiker, die mit ihrem Volk nicht mehr zufrieden sind, ihm das aber direkt nicht zeigen können, lassen dann eben ihren Frust auch mal an den Ausländern aus. Und wenn es erst zu Ausschreitungen unserer Politiker kommt, was bleibt dem Volk dann anderes, als auch mal Betroffenheit zu üben?

(1995)

Es ist nicht alles schlecht ...

Fünf Jahre deutsche Einheit haben mir wenig anhaben können. Schließlich bin ich in diesem vereinigten Deutschland weder eine Frau in meinem Alter (so um die Fünfzig), noch bin ich alleinerziehend. Ich war auch in der DDR nicht staatsnah, also so was Schlimmes wie Pförtner im Kulturministerium oder Hilfslaborant im Regierungskrankenhaus. Als Satiriker ist man in jedem System gern gesehen.

Auch in dieser schönen Bundesrepublik fiele es mir schwer, nicht Satiriker zu sein. Obwohl viele Politiker mit ihrer Realsatire alles allein machen wollen, bringen sie kaum einen zum Lachen. Also, sie machen zwar die Witze, aber wir erzählen sie so weiter, dass darüber auch gelacht wird. Den Vorwurf der Verharmlosung kann ich uns also nicht ersparen. Aber verharmlost haben wir ja damals auch die DDR.

Meine ostdeutsche Herkunft macht mir kaum noch zu schaffen. Allerdings habe ich auch keine Westverwandtschaft, die mir immer wieder erzählt, wie sie vierzig Jahre darunter gelitten hat, dass ich hier dieses Unrechtssystem mit meiner Anwesenheit gestützt habe. Ich bin ein Einheitsgewinnler, denn mir gehören achthundert Quadratmeter Hauptstadt. Gekauft habe ich das Grundstück zwar in der Diktatur, darf es aber auch in der Demokratie weiter nutzen. Irgendwie hat sich kein demokratischer Alteigentümer gefunden.

Dafür bin ich aber jetzt Eigentümer eines richtigen Westautos. Nur am Kennzeichen ist noch zu sehen, allerdings nur für Berliner, dass das Fahrzeug in Ostberlin angemeldet ist. Obwohl zwischen Ost- und Westberlin keine Mauer mehr steht, steht noch vieles zwischen Ost und West. Am haltbarsten erweisen sich die gegenseitigen Vorurteile. Gegen Vorurteile kann man keine Berufung einlegen. Sie werden immer in letzter Instanz gesprochen.

Seit ich den Westen kenne, schäme ich mich überhaupt nicht mehr, aus dem Osten zu kommen. Wie provinziell diese kleine DDR war, weiß ich erst jetzt, da ich erlebe, wie provinziell auch die große Bundesrepublik ist. Durch einige Urlaubsreisen habe ich inzwischen mein Weltbild erweitern können. Ich war in Schweden, Frankreich, Italien und auf Lanzarote. Jetzt habe ich schon wieder Sehnsucht nach der Ostsee.

Persönlich enttäuscht bin ich eigentlich nur von der Westmark, die nicht das gehalten hat, was sie damals versprach, als es die Ostmark noch gab. Damals schien die D-Mark das reine Wunderzahlungsmittel zu sein. Seit ich mit ihr aber auch Gas, Wasser, Abwasser, Brot, Kartoffeln und sogar den Solidaritätszuschlag mit mir selber bezahlen muss, ist all ihr Zauber dahin.

Trotzdem muss ich zusammenfassend gestehen: Es ist nicht alles schlecht an der BRD!

(1995)

Volksbegehren

Ich kann ja doch nichts machen. Früher durfte man nichts sagen. Dafür machte man, was man wollte. Heute darf man alles sagen, aber machen kann man nichts mehr. Wir dürfen zwar frei wählen, aber ob wir's schon können? Also bewiesen haben wir das hier in Sachsen noch nicht. Wir waren so froh, dass wir überhaupt wählen durften. Da verrichteten wir in der Wahlkabine nur das, was wir so lange unterdrücken mussten – unsere Notdurft. Raus mit der Stimme, rein in die Urne – der Rest ist Asche!

Und jetzt können wir wieder, was wir in der Diktatur gelernt haben: Gegen die da oben sein. Also wer sagt da noch, wir hätten unsere Identität verloren? Die CDU hat ihre Wahl gewonnen. Ja, sie muss sie ganz allein gewonnen haben. Ich kenne keinen mehr, der ihr mit seiner Stimme dabei geholfen hätte. Das hat Tradition. Die ganze hässliche deutsche Vergangenheit bewältigen wir mit einem schönen deutschen Wort: Vergessen.

Erst mussten wir mal die vierzig Jahre Diktatur vergessen, damit wir jetzt auch die Demokratie schon wieder vergessen können. Wir Deutschen machen so viel Geschichte, dass wir uns einfach nichts merken können. Denn wenn wir was merken, ist es sowieso zu spät. Heute wählen wir die eine Partei, und wenn wir merken, dass sie uns betrügt, wählen wir beim nächsten mal die andere, bei der wir es noch nicht gemerkt haben. Deshalb sind die Wahlen ja auch geheim. So muss sich der Einzelne nachher nicht dafür schämen, dass er wie alle gewählt hat. So bleibt sich der deutsche Wähler ewig selbst ein Geheimnis.

Wenn ich was zu sagen hätte …! Aber auf mich hört ja keiner! Das sind die beiden ehernen Volksweisheiten. Die überleben jedes System. Damit kommt man zwar nicht hoch, aber man bleibt übrig. Und was anderes als übrigzubleiben, bleibt uns ja auch nicht übrig.

Und das ist es, was die Politiker so ärgert. Sie können regieren und regieren, ein bisschen Volk bleibt immer übrig. Oder haben Sie schon mal eine Regierung gesehen, die ihr Volk überlebt hat? Und ich sage Ihnen, das wird auch Seehofer nicht schaffen mit seiner Gesundheitsreform. Wir überleben sie. Dem kleinen Mann kommt es ja auch nicht drauf an, wie er lebt, sondern dass er lebt.

Seit ich weiß, dass Demokratie Volksherrschaft heißt, weiß ich auch, was ein Demokrat ist: Einer, der das Volk beherrscht. Aber während die da oben regieren, herrscht unten das reine Volk.

Wir sind das Volk, und wir bleiben hier! So etwas ist in der Demokratie keine Drohung mehr, sondern eine Binsenweisheit. Und darauf ist man auch nicht mehr stolz. Damit muss man sich abfinden. Denn Freiheit ist die Einsicht, dass zur Veränderung keine Notwendigkeit besteht.

(1995)

Hat es die DDR überhaupt gegeben?

Die neue deutsche Gretchenfrage lautet: Glaubst du, dass es eine DDR je gegeben hat? Der Streit um die einzig richtige Antwort droht, das deutsche Volk wieder einmal in wenigstens zwei feindliche Lager zu spalten. Auf der einen Seite stehen die, die dabei waren, sich aber nicht mehr so genau erinnern können, auf der anderen Seite die, die zwar nicht dabei waren, aber alles um so genauer wissen. Beide Lager reden zwar noch miteinander, selbstverständlich aber ohne einander zuzuhören. Es ist ein deutscher Dialog, und der besteht nun mal aus Rede und Gegenrede. Von Zuhören kann dabei gar keine Rede sein.

Selbstverständlich ist auch ein ganz neuer Histo-riker-streit ausgebrochen. Während die einen die Frage, ob es die DDR je gegeben habe, ganz kategorisch beantworten mit einem kompromisslosen: »Ja, vielleicht«, beziehungsweise »Möglich ist alles«, sagen die anderen nicht weniger entschieden: »Nein, wahrscheinlich nicht«, beziehungsweise »Woher soll man das wissen?« Einig sind sich allerdings alle deutschen Historiker in der Ablehnung der Goldhagen-These: Deutschland als Ganzes sei der ehemaligen DDR, wenn es sie denn gegeben haben sollte, gar nicht so unähnlich, wie es das gern sein möchte.

In unsere durch und durch deutsche Geschichte lassen wir uns von Ausländern nicht hineinreden. Schlimm genug, dass wir ihre Gegenwart ertragen müssen. Deutsche Geschichtsschreibung ist Spurenbeseitigung, oder wie es der in Deutschland führende Historiker Helmut Kohl formuliert haben soll: Historiker haben die deutsche Geschichte bisher immer nur interpretiert. Es kommt aber darauf an, sie zu verändern.

Er selbst jedenfalls kann sich nicht erinnern, einem Politiker namens Honecker die Hand, geschweige denn einen Staatsempfang gegeben zu haben. In dieser Frage wenigstens herrscht noch die Solidarität der Demokraten. Auch die Opposition kann sich an Ostkontakte nicht mehr erinnern. Der eine oder andere Politiker aus Bonn hält es allenfalls für möglich, von der Stasi in eine Falle gelockt beziehungsweise als Geisel nach Schloss Hubertusstock entführt worden zu sein. Der einzige bundesdeutsche Politiker, der weiterhin von sich behauptet, genau gewusst zu haben, mit wem und worüber er da in Ostberlin und Moskau geredet hat, ist bezeichnenderweise der Brandt-Komplize Egon Bahr. Dieses Eingeständnis veranlasste die Bildzeitung zu der Schlagzeile: WAR DIE GANZE DDR NUR EINE BÖSWILLIGE ERFINDUNG EGON BAHRS?

Überhaupt löste die neue deutsche Existenzfrage ein lebhaftes Presseecho aus. Spiegel und Focus stellten versehentlich die übereinstimmende Grundsatzfrage: HABEN STOLPE UND GYSI IHRE STASIAKTEN VON KUJAU SCHREIBEN LASSEN, UM SIE DEM STERN VERKAUFEN ZU KÖNNEN?

Der Stern dementierte das und kündigte im Gegenzug

die Veröffentlichung der Honecker-Tagebücher an. Die Frankfurter Allgemeine stellte die brisante Frage: WAR KUJAU NICHT EIGENTLICH MIELKE UND UMGE-KEHRT? Die Süddeutsche Zeitung äußerte inzwischen den durch sie selbst begründeten Verdacht, dass Gregor Gysi seinerzeit Manfred Stolpe die DDR-Verdienstmedaille verliehen habe. Die Hamburger Zeit hingegen hat ebenso zuverlässige Informationen darüber, dass sich Stolpe und Gysi gegenseitig diese Verdienstmedaille zugesteckt hätten, und zwar bei einem konspirativen Treffen auf der Bühne des Deutschen Theaters.

Die ganze Wahrheit aber erfuhr man wieder mal nur in der Superillu. Ihren Reportern gelang es, eine Ostberliner Hobby-Prostituierte ausfindig zu machen, die unter Eid und Alkohol ausgesagt hat, zur fraglichen Zeit mit Gysi und Stolpe in einem Bett gelegen zu haben. Und da sei es – auch das könne sie beeiden – zu keinerlei Auszeichnung gekommen. Wie hierzu aus dem Büro des Brandenburgischen Ministerpräsidenten zu erfahren war, gibt es in Stolpes Tagebuchaufzeichnungen keinen Hinweis auf eine mit Gysi verbrachte Nacht.

Gauck versprach, so lange in seinen Akten suchen zu lassen, bis man Stolpe und Gysi diesen Intimkontakt schwarz auf weiß nachweisen könnte. Im Übrigen erklärte er sich bereit, die Nichtexistenz der DDR von Anfang an voll und ganz anzuerkennen, wenn nur an der Weiterexistenz seiner Behörde nicht gerüttelt würde. An seinem Mielke-Erbe lasse er keinen Zweifel zu.

Mit der Existenz Erich Mielkes – auch in der Maske von Kujau – ist übrigens die große Mehrheit des deutschen Volkes einverstanden. Ermöglicht doch so ein Bösewicht die relativ schuldfreie Weiterexistenz aller anderen.

Der Vorsitzende der Bonner Enquete-Kommission Eppelmann erklärte, diese ganze schon immer ja nur sogenannte »DDR« sei vermutlich von Mielke und Markus Wolf nur vorgetäuscht worden, um die Bundesregierung zu desorientieren. Hätte es tatsächlich einmal eine DDR gegeben, dann hätte es ja auch mal den Pfarrer Eppelmann gegeben. Das aber erscheine ihm nach seinem heutigen Wissensstand mehr als unwahrscheinlich. Und dass er in dieser DDR den Dienst an der Waffe verweigert, den Dienst am Schreibtisch als letzter DDR-Verteidigungsminister freiwillig übernommen haben soll, das möge ihm doch bitte mal einer zu erklären versuchen.

Obwohl alle Medien bereits ausführliche Mutmaßungen über das verderbliche Vorleben Herbert Wehners angestellt haben, konnte ihm eine homoerotische Beziehung zu Erich Honecker noch nicht nachgewiesen werden. Aber das ist, nachdem auch Goethes Homosexualität in allen Zeitungen gestanden hat, nur noch eine Frage der Zeit. Frau Seebacher-Brandt jedenfalls ließ durchblicken, dass sie noch immer mehr sagt, als sie weiß. In einem Geheimpapier an den BND soll sie die Vermutung geäußert haben, dass auch Herbert Wehners Witwe intime Beziehungen zu Margot Honecker unterhalten habe. Sie sollen in Bioleks Küche nach den Rezepten der ahnungslosen Frau Herzog gemeinsam Rote Grütze gekocht haben. Ob es sich bei Biolek um den Fernsehkoch handelt oder nur um ein anderes Wort für Ozonloch, ist nicht sicher. Unsicher ist auch, inwieweit der russische KGB seine Hände am deutschen Kochlöffel hatte. Endgültige Gewissheit werde man erst haben, wenn die

Frage beantwortet ist, ob es eine Sowjetunion überhaupt gegeben habe. Jelzin ist der Frage bisher standhaft ausgewichen. Er glaubt nur noch an Gott und sonst gar nichts. Auch dass er einmal Kommunist gewesen ist, glaubt er nicht mehr. Wäre er das gewesen, könnte er heute ja nicht Duzfreund des deutschen Kanzlers sein. Der duzt sich schließlich auch nicht mit Egon Krenz.

Markus Wolf hat auf die Frage, ob es eine Sowjetunion wirklich gegeben habe, diplomatisch geantwortet, er habe sich zeitlebens nur mit den Geheimnissen der russischen Küche beschäftigt. Für alles andere sei Mielke zuständig gewesen.

Pfarrer Gauck äußerte die Gewissheit, dass man, wenn es die DDR nicht gegeben habe, auch keine Sowjetunion brauche. Wichtig sei für ihn nur, dass seine Behörde weiter gebraucht würde. Eine weinende Bürgerrechtlerin, die nicht mehr so genannt werden möchte, weil sich zu viele so nennen, äußerte tiefe Zweifel an der protestantischen Herkunft Joachim Gaucks. Er sei vermutlich ein von der Stasi geklonter Nachfahre eines längst verstorbenen Kardinalinquisitors. Jedenfalls komme er ihr immer spanischer vor. An der theologischen Fakultät der Humboldt-Universität ist inzwischen ein Forschungsauftrag vergeben worden, der die Wandlungsfähigkeit ostdeutscher Pfarrer im Lichte der Wende untersuchen soll.

Bärbel Bohley ließ erklären, sie glaube schon längst nicht mehr alles, was sie wisse. Obwohl sie in einem Rechtsstaat lebt, träumt sie noch immer von Gerechtigkeit. Jetzt fragt sie sich, ob sie vielleicht auch die DDR nur geträumt hat. Vera Lengsfeld und die mit ihr verbundenen Wiedertäufer haben endgültig zu erkennen gegeben, dass sie nie waren, wofür sie sich selbst einmal hielten – Bürgerrechtler. Der Bürgerrechtler Manfred Kanther jedenfalls zeigte sich erfreut über seine neuen Verbündeten.

Inzwischen hat die Frage, ob es eine DDR gegeben hat, auch zu politischen Konsequenzen in den neuen Bundesländern geführt. Die fünf Ministerpräsidenten verlangten als logische Konsequenz der ganzen Diskussion die Umbenennung der fünf neuen in die fünf gleichalten Bundesländer. Der sächsische Ministerpräsident ließ durch die sächsische Landesmutter erklären, das Haus Biedenkopf sei seit Menschengedenken sächsisches Königshaus. Ulbricht und Honecker könne man genauso vergessen wie die Wettiner.

Auch eine deutliche Mehrheit der östlichen Bundesbürger gab an, von einer DDR weder etwas gesehen noch gehört zu haben. Der eine oder die andere meinte zwar, die Bezeichnung käme ihm oder ihr bekannt vor, ob es sich dabei aber um einen neuen Fernsehsender oder eine japanische Automarke handele, konnte niemand sagen. Allerdings nimmt in letzter Zeit die Zahl der Neubundesbürger wieder zu, die ganz offen von sich selbst behauptet, DDR-Bürger gewesen zu sein. Im Bundesinnenministerium gibt es Überlegungen, solche Extremisten vom Verfassungsschutz beobachten zu lassen und zu einem späteren Zeitpunkt auf die ostfriesischen Inseln abzuschieben. Das aber will CDU-Generalvikar Peter Hintze nicht zulassen. Er fühlt sich den Ostfriesen intellektuell zutiefst verwandt, was die Ostfriesen allerdings für eine Beleidigung halten. Das wiederum hält Hintze für einen dieser ihm ganz und gar unverständlichen Ostfriesenwitze.

Der Kanzler hielt sich, wie das so seine Art ist, aus

allem heraus. Erst als ihm Erich Honecker im Traum erschien und ihn zu einem Gegenbesuch in seine himmlische DDR einlud, entschloss sich Helmut Kohl, dem Spuk ein Ende zu machen. Er erklärte die Diskussion für beendet. Das Ganze sei nichts als eine intellektuelle Spinnerei, dieses Gerede über eine angebliche DDR. Er habe seinerzeit ganz Deutschland mit sich vereinigt und sonst gar nichts. Er jedenfalls könne sich an keine DDR erinnern, und wer etwas anderes behaupte, der solle doch nach drüben gehen.

Egon Krenz dankte seinem Kanzler für die richtungweisenden Worte. Nun müsse aber auch endgültig Schluss sein mit einer Siegerjustiz, die noch immer versuche, ihn für etwas verantwortlich zu machen, was es nie gegeben habe. Zusammenfassend können wir also feststellen, dieser DDR ist es – nehmt alles nur für nichts – gegangen wie einst Brechts sagenhaftem Kathargo: Sie war noch mächtig nach dem 17. Juni, noch bewohnbar nach vierzig Jahren Sozialismus, nicht mehr auffindbar nach der Wiedervereinigung.

(1997/98)

Wir Andersdenker

Früher waren sie sich alle einig, und ich war mir mit ihnen einig – Freiheit ist immer auch die Freiheit des Andersdenkenden. In meinem gesamten Freundes- und Bekanntenkreis gab es keinen, der in dem Punkt anders dachte. Ja, wir Andersdenkenden konnten uns gar nicht vorstellen, dass jemand anders denken könnte als wir, mal abgesehen von der Minderheit, denen ein höheres Partei- oder Regierungsamt das Andersdenken verbot. Auch die Mitgliedschaft in der Einheitspartei schützte nicht vorm Andersdenken.

So kam es denn, dass 1989 der breiten Einheitsfront der Andersdenkenden nur noch eine ganz schmale Führungsriege der Einheitspartei gegenüberstand. Und während wir nun unser Andersdenken laut auf der Straße demonstrierten, entdeckte auch der eine oder andere aus der Führungsriege, dass er doch eigentlich zu uns gehörte. Schließlich hatte er schon immer ganz anders gedacht als Honecker. Aber im Politbüro durfte man ja nichts sagen.

Nun bot sich Egon Krenz sogar an, unser aller Führung zu übernehmen und uns als neugebackener Generalsekretär einer plötzlich ganz anders denkenden Einheitspartei geschlossen in die vereinigte Wende zu führen. Aber trotz aller Wendigkeit bekam er die Kurve nicht. Wie sollte man ihm das Andersdenken abnehmen, wenn man ihm nicht einmal das Denken zutraute?

Je weniger amtlicher Widerstand uns noch geleistet wurde, desto mehr wurden wir auf der Straße. Menschenmassen, die gestern noch ihr Andersdenken hinter der Wohnzimmergardine ausgelebt hatten, riefen nun mit, was alle riefen: »Stasi in die Produktion!« Und für die nun entmachtete Partei- und Staatsführung forderten wir in schönem Einheitschor: »Rente, nicht Rache!« Und keiner widersprach.

Die ganze Veranstaltung drohte schon genauso langweilig zu werden wie der soeben besiegte Einheitssozialismus, in so einheitlicher Geschlossenheit stand das Volk hinter seinen Andersdenkenden.

Da muss irgendwem eingefallen sein, dass man in der Demokratie – da das vorher eine Diktatur war, musste das ja jetzt eine Demokratie sein – nicht nur anders denken, sondern auch anders rufen darf. Und während noch alle riefen: »Wir sind das Volk!« rief einer dazwischen: »Aber ich bin Volker!« Und siehe, alle hörten Volkers Signale, und nun riefen alle durcheinander. Jeder rief, was ihm gerade einfiel oder was er schon immer mal hatte rufen wollen.

Aus unserer Meinungseinfalt wurde plötzlich eine solche Vielfalt, dass man bei manchen Veranstaltungen mehr Meinungen hörte als Anwesende sah. Alles, was wir vierzig Jahre lang listig verschwiegen hatten, sollte jetzt endlich offen ausgesprochen werden. Was der verklemmte Westdeutsche höchstens seinem Therapeuten anvertraut, das riefen wir auf der Straße.

Hatte es früher geheißen, Freiheit sei Einsicht in die Notwendigkeit, so gab unsere neue Freiheit Einsicht in ihre Beliebigkeit.

Da ein Deutscher aber auf Dauer mit seiner Meinung nicht gern allein bleibt, gründete bald jeder, der in der Lage war, seine Meinung auch zu formulieren, einen diesbezüglichen Verein. Mochten wir in vierzig Jahren Diktatur auch vieles vergessen haben, dass der Verein die eigentliche Grundlage deutschen Daseins ist, das hatten wir nicht vergessen. Bei den ersten freien und geheimen Wahlen hatten wir dann Gelegenheit, zwischen so fundamentalen Überzeugungsgemeinschaften zu wählen wie der Deutschen Biertrinker-Union und der Deutschen Sex- beziehungsweise Autofahrer-Partei.

Hätte man uns im Osten allein gelassen mit der ganzen neuen Demokratie, wir hätten die Parteienlandschaft wohl gründlich verändert. Aber noch ehe wir unser erstes Kreuz malen konnten, kam da aus dem Westen das eine, schließlich alle überzeugende Argument. Dieses Argument hieß D-Mark und brachte uns alle wieder zu real-demokratischer Vernunft. Mit der D-Mark kann man schließlich Auto, Bier, Sex, und was der Mensch so braucht zum freien Leben, kaufen. Kohl selbst hatte im Osten noch gar nicht kandidiert, da hatten wir ihn schon gewählt, denn er hatte sie uns als Erster versprochen, diese Identität stiftende Deutsche Mark.

Über diese D-Mark gerieten auch die Bürgerrechtler mehr und mehr in Vergessenheit. Manche von ihnen vergaßen sich auch selbst, als sie entdeckten, dass man im Schatten des Kanzlers viel schneller auf die Sonnenseite des politischen Lebens gelangen konnte. So wurde ein ehemaliger Bausoldat, also einer, der in der ehemaligen DDR den Dienst an der Waffe aus Gewissensgründen verweigert hatte, aus gewissen anderen Gründen unser letzter Verteidigungsminister. Dass er sich Minister für Abrüstung nannte, war wohl kaum mehr als ein Wortspiel. Politisch korrekte Wortspielerei ist Schadensbegrenzung durch Umbenennung. Wo gar nichts mehr wächst, da blüht bei uns immerhin noch das Nullwachstum, und wo die Bösen Angriff sagen, sprechen wir behutsam von der Nachvorneverteidigung.

Diejenigen unter den Bürgerrechtlern, die nie etwas anderes werden wollten als Bürgerrechtler, mussten bald feststellen, dass das auch in der Demokratie kein anerkanntes Berufsbild ist. Schlimmer noch, in der Demokratie scheint man Bürgerrechtler überhaupt nicht mehr zu brauchen, wenn nicht gerade ein Gedenktag ansteht oder im Wahlkampf mal wieder alle Argumente ausgegangen sind.

Die Freiheit des Andersdenkenden … Mein Gott, solche Forderungen gehören in die Diktatur. Dass der Satz von Rosa Luxemburg stammt, macht ihn heute ja auch nicht gerade besser. Das war nur in der DDR so schön, weil sich deren Führung doch nur zu gern auf diese Rosa berief. Wer mag sich heute noch auf eine rote Rosa berufen? Heute ruft ein erwachsener Minister bei vollem Bewusstsein: Marx ist tot, aber Jesus lebt! Dass Marx tot ist, wird kein lebender Atheist bestreiten. Aber dass Jesus in diesem, unserem Sozialstaat so sehr lebendig ist, das dürfte auch der Gläubigste unter uns bezweifeln. Übrigens muss ich gestehen, dass ich auch heute noch lieber Marx oder Luxemburg zitiere als Norbert Blüm. Und dabei weiß ich doch, Marx und Luxemburg sind tot, aber Blüm lebt.

Das tun auch die Bürgerrechtler. Aber es ist still geworden um sie. Jetzt, da die Freiheit des Andersdenkenden straflos von jedem eingefordert werden kann, scheinen gerade sie sich damit nicht mehr abfinden zu können. Dabei denken sie weniger über Gegenwart und Zukunft nach als über die Vergangenheit und ihre Bewältigung. Je mehr sie das eigene Erinnerungsvermögen verlässt, desto mehr stürzen sie sich auf das, was uns allen die Staatssicherheit hinterlassen hat: Mielkes gesammelte Werke. Wer am Wahrheitsgehalt dieses Aktenwerks zweifelt, ist ein Ketzer und gehört also verbrannt. Ja, beim Umgang mit den Stasiakten hört die Freiheit des Andersdenkenden für jeden Andersgedachthabenden auf.

108

Die Stasiakten sind so etwas wie eine heilige Schrift, wenn auch vom Teufel geschrieben, und Gauck ist ihr Prophet.

Den Glauben an den Rechtsstaat haben viele Bürger-rechtler inzwischen verloren, den Glauben an die Akten lassen sie sich nicht rauben. Und da sie die einzigen Rechtgläubigen sind, sind sie auch die Einzigen, die das Recht haben, diese Akten auszulegen. Weh dem, der sie anders liest oder gar nicht lesen mag, oder wer gar den Rechtsweg beschreitet, wenns um den Verdacht geht, dem Unrechtsstaat gedient zu haben. Von einem Bürgerrechtler nämlich zu verlangen, dass er einen öffentlich geäußerten Verdacht auch noch beweist, heißt ihn verhöhnen. Das lassen sich die mitteldeutschen Bürgerrechtler inzwischen am liebsten von bayrischen Spezialisten der DDR-Vergangenheit bestätigen.

So kommt es denn, dass manches Opfer des DDR-Unrechts schon wieder Opfer ist, Opfer seiner reinen Selbstgerechtigkeit, die auch im Zweifel nur eines kennt: die Strafe für den Angeklagten.

(1997/98)

Meine Freunde Marx und Engels

Wer tot ist, sündigt nicht mehr. Schon von daher sind auch die größten Toten alles andere als zu beneiden. Von Marx und Engels weiß man, dass sie zu Lebzeiten ausgiebig gesündigt haben. Sie haben also nicht umsonst gelebt.

Das größte Unrecht, das man den beiden dann nach dem Tode zugefügt hat, war wohl, dass man sie zu Religi-

onsstiftern machte, obwohl sie allenfalls zu Ketzern taugten. Tote können sich nicht wehren. Auch dass jemand
erst fünf Jahre tot sein muss, um einer Straße oder einem
Gemeinplatz seinen Namen zu geben, ist ein schwacher
Schutz. Als würden fünf Jahre ausreichen, um aus einem
lebenden Bruder Gewöhnlich einen Säulenheiligen zu
machen.

Marx und Engels waren in der DDR die Götter, Lenin
war ihr Prophet, und der jeweilige SED-Generalsekre-
tär gab den marxistischen Oberlehrer. Aufgabe der vielen, vielen Unterlehrer an den Schulen der sozialistischen Arbeit war es, das Studium der Klassiker des Mar-
xismus-Leninismus so zu lenken und zu leiten, dass das,
was die Politiker so anrichteten in der DDR, marxgewollt
erschien. Das geschah mit Hilfe einer Dialektik genannten Betrachtungsweise, die auch noch absolute Katastro-
phen zu mittleren Erfolgen interpretierte.

Diese Methode funktionierte natürlich nur, so lange
Marx und Engels nicht wirklich gelesen wurden. Aber
nichts ist bekanntlich leichter, als ein Volk vom Lesen
bestimmter Autoren abzuhalten – man erklärt sie zu
Klassikern, und schon sind sie ganz und gar ungefähr-
lich. Man sprach in der DDR von den Lehren der Klassiker und meinte damit ein paar Lehrsätze fürs Parteilehrjahr. Marx und Engels wurden wesentlich öfter zitiert
als gelesen. Auch von uns im Kabarett. Dass man nämlich auch die besten Argumente gegen diesen real-existie-
renden Sozialismus bei den klassischen Theoretikern des
Sozialismus fand, das hatten wir herausgefunden, lange
bevor wir selbst etwas gelesen hatten von ihnen. Später
lebten unsere Programme geradezu von dem tragisch-

komischen Widerspruch zwischen den schönen Ideen der theoretischen Sozialisten und der traurigen Umsetzung durch ihre trostlosen Vollstrecker in der DDR. Mit »Marx- und Engelszungen« machten wir uns lustig über die, die sich ausgerechnet auf Marx und Engels beriefen.

Das machte es der Zensur oft schwer, uns einfach zu verbieten. Ich gestehe, Marx öfter zitiert als gelesen zu haben. Den Trick hatten wir schnell heraus: Je genauer die Quellenangabe, desto geringer war die Gefahr, dass einer nachsah. Ihrem Marx trauten die Genossen ohnehin die ketzerischsten Gedanken zu. Als ich in einem Programm behauptete: »Gelesen haben ihn noch wenige, aber missverstanden schon viele«, lachten alle, weil jeder meinen konnte, der andere wäre gemeint. Einer der am häufigsten wiederholten »marxistischen Lehrsätze« lautete, die Freiheit aller sei die Voraussetzung für die Freiheit des Einzelnen. Gedankenlos wurde uns der Satz vorgeplappert, und wir plapperten ihn ebenso gedankenlos nach. Erst Mitte der achtziger Jahre erfuhr ich durch Zufall von einem marxistischen Philosophen, der seinen Marx nicht nur »studiert«, sondern auch gelesen hatte, dass Marx das Gegenteil dieses DDR-Lehrsatzes gesagt hatte, nämlich dass die Freiheit des Einzelnen die Voraussetzung für die Freiheit aller wäre. Die Philosophen wussten das schon lange, aber in der Regierung saßen schon lange keine Philosophen mehr. Und darüber, was bei uns gelehrt werden durfte, entschieden auch keine Philosophen.

Mit meinem Freund und Kollegen Wolfgang Schaller machte ich aus diesem wunderbaren »Missverständnis« ein ganzes Programm zum Thema. AUF DICH KOMMT ES AN, NICHT AUF ALLE war der Titel des Programms, in dem wir mit »unserem« Marx den DDR-Marx wider-legten. Es war die reine Hochstapelei, denn wir kannten unseren Marx kaum besser als die Genossen den ihren. Jedenfalls haben sich wohl die Genossen Zensoren bei den Genossen Philosophen erkundigt und mussten durchge-hen lassen, was ein Sakrileg war. Wir hatten einen zentra-len marxistischen Lehrsatz als Fälschung entlarvt.

Übrigens war und bin ich mir gar nicht so sicher, ob das eine bewusste Fälschung war, obwohl natürlich vie-les dafür spricht. Der in der DDR gelehrte Klippschu-len-Marx war ja insgesamt eine Fälschung. So unzuläs-sig vereinfacht haben ihn sonst nur die Antikommunis-ten. Aber ist es nicht auch anderswo üblich, irgendwelche Behauptungen, von einem erst mal aufgestellt, einfach abzuschreiben, um so mehr, wenn einem die Behauptung gerade in den selbst behaupteten Kram passt.

Jedenfalls war und ist das Marx-Bild, wie inzwischen ja auch das DDR-Bild, mehr das Abbild eines Wunschbil-des. Am liebsten hat es jeder so, dass es in sein Weltbild passt. Und da traut man natürlich gern dem Bösen alles Böse und dem Guten alles Gute zu. Gutes am Bösen und Böses am Guten irritiert nur.

Ach so, warum ich Marx und Engels noch immer als meine Freunde empfinde, obwohl ich sie doch als poli-tisch-moralische Instanz nicht mehr brauche, um sie und mich vor ihren falschen Hohepriestern zu schützen? Wie gesagt, es war und ist nicht allzu viel, was ich von ihnen gelesen habe – von Engels übrigens mehr als von Marx –, aber eines haben sie mir tief in die Seele eingegraben: den unerschütterlichen Glauben an den Zweifel. Diesem Zweifel verdanke ich es, dass ich mich mit der DDR viel weniger eingelassen habe als weniger verzweifelte Menschen. An allem zweifeln macht ja nicht gerade glücklich und ist zudem anstrengend. Zustimmung muss man selten begründen, Zweifel immer.

Nein, so absolut stimmt auch das nicht. Zweifel an der DDR brauchte man in den Kreisen, in denen ich normalerweise verkehrte, nicht zu begründen. Da waren wir uns schnell einig – Ostfreunde und Westfreunde. Diese DDR lehnten wir in einmütiger Geschlossenheit ab. Kam oder kommt aber das Gespräch auf das überlebt habende System zu sprechen, so machte und macht man sich mit jedem Zweifel verdächtig, dass man das andere System, also die DDR, wiederhaben wolle. Seit es diese DDR nicht mehr gibt, macht sich unsereins mit jedem scheelen Blick verdächtig.

Ich erinnere mich, vor Jahr und Tag, jedenfalls lange vor dem Untergang der DDR, in einem Ost-West-Gespräch einmal ironisch geäußert zu haben, dass ich nicht glauben wollte, dass es an der Börse wirklich um höhere Werte ginge. Es waren keine hoffnungslosen Idioten, die da empört über mich herfielen, und auch keine Börsenmakler. Es waren einfach gläubige BRD-Bürger. Theoretisch geben sie auch ungefragt zu, dass das System der Bundesrepublik gewiss nicht ideal sei. Das gab die DDR-Führung von ihrem System übrigens auch zu. Es sei aber historisch überlegen, war damals das durch nichts zu belegende Argumente und wurde von kaum einem geglaubt. Dass der Kapitalismus, weil er übriggeblieben ist, gesiegt habe, ist genauso wenig bewiesen, wird aber allgemein geglaubt.

Zu den anderen Glaubenssätzen des Bundesbürgers gehört, dass die DDR eine Diktatur war, während die

Bundesrepublik eine Demokratie ist. Und wenn einer wie Grass nur leicht einschränkend meint, die DDR wäre doch immerhin so was wie eine kommode Diktatur gewesen, dann schreien die Hohepriester der Demokratie auf. Als ich in Bonn in einer Rede bemerkte, dass Honecker kaum anders reagiert hätte auf eine Rede von Stefan Heym, als Kohl es getan hat bei der Rede des Alterspräsidenten Heym im Bundestag, da wurde mir zu verstehen gegeben, wo die Demokratie ihre Grenzen hätte – da nämlich, wo man sie mit der Diktatur vergleicht.

Und als ich dann im Auftrag eines Frankfurter Verlages meine fiktive Alterspräsidenten-Rede an den Bundestag aufgeschrieben hatte, wurde mir bedauernd mitgeteilt, dass ich hier denn doch zu weit ginge. Und ich sollte doch konstruktiv umgehen mit unserer Demokratie. Das, was ich zu sagen hätte, könne man nicht drucken.

Dass man es doch drucken kann, daran habe ich, trotz meines tiefen Glaubens an den Zweifel im Allgemeinen, im Besonderen keinen Zweifel.

(1997/98)

Mein linker Freund, der Achtundsechziger

Mein Freund war immer stolz darauf, ein Linker zu sein. Auch jetzt noch, da er weit weniger links ist, ist er doch nicht weniger stolz. Die Begriffe »links« und »rechts« sagen ihm einfach nichts mehr. Aber seinen Stolz hat er sich nie nehmen lassen, damals so wenig wie jetzt. Um diesen Stolz habe ich ihn immer beneidet. Unsereins hat sich allenfalls geschämt für seine DDR, für das, was man so mitgemacht hat, für den im Inneren tief empfundenen, aber nach außen kaum geleisteten Widerstand.

Früher war mein Freund stolz auf seine Verachtung für das Establishment. Heute ist er stolz, »irgendwie – machen wir uns nichts vor – dazuzugehören«. Mit so einer Weltanschauung wie seiner damaligen so weit hochzukommen, also das soll ihm bitteschön erst mal einer nachmachen. Und aus seiner Weltanschauung hat er nie und nirgends ein Hehl gemacht. Das tut er auch jetzt nicht, da er diese Weltanschauung gar nicht mehr hat. Sie wäre jetzt schließlich auch ein bisschen unpassend in seiner Stellung. Aber dass er diese Anschauungen alle mal hatte, daraus macht er auch heute kein Hehl.

Ein bisschen pubertär war das ja damals schon. Das gibt er zu. Aber missen möchte er seine linke Vergangenheit um keinen Preis. Sicher war das alles damals ein Irrtum, von heute aus betrachtet. Aber man hatte wenigstens noch Ideale, und so was streift man nicht einfach ab. Im Herzen bleibt man irgendwie links. Das sagt mein Freund immer, wenn er von alten Zeiten erzählt. Und er erzählt gern von seiner Apo-Zeit.

Was er damals so alles riskiert hat, das sollten ihm die unverbesserlichen linken Spinner von heute erst mal nachmachen. Der Verfassungsschutz wusste schon, wen er da vor sich hatte. Das waren keine läppischen christlichen Friedensgruppen wie im Osten. Wer vom Verfassungsschutz observiert wurde, der musste schon wirklich was vorweisen können im Widerstand. Das erzählt mein linker Freund von damals heute jedem, der ihm vorwirft, er wäre angepasst. Dass er es trotz seiner Vergangenheit so weit gebracht hat, beweist doch nur, wie weit er es hätte bringen können, wenn er wirklich angepasst gewesen wäre.

Mich mag mein linker Freund nicht mehr so, seit ich ihn so maßlos enttäuscht habe mit meiner miefigen DDR und dieser ganzen Stasi-Scheiße. Er fragt zwar nicht direkt, ob ich nicht vielleicht auch dabei war. Aber dass er von denen, immer wenn er bei mir zu Besuch war, observiert wurde, steht ja wohl fest. Schließlich hat er Kopf und Kragen riskiert mit der ganzen maoistischen Literatur, die er für mich über die Grenze geschmuggelt hat. Das lässt er sich von keinem Menschen ausreden.

Jetzt, da er endlich klar sieht, wirft er mir vor, dass ich gar nicht so bin, wie ich seiner Meinung nach früher hätte gewesen sein sollen. Dass ich damals nicht in die Partei eintrat, um das System von unten her zu unterwandern, wie er mir geraten hatte, das hat er damals zwar nicht ganz begriffen, aber irgendwie akzeptiert. Damals glaubte er ja noch, ich würde mich im Osten einfach besser auskennen als er. Heute weiß er, was das für ein Irrtum war.

Deshalb mag er auch heute gar nicht mehr so recht glauben, dass ich nicht doch in der Partei war oder einer vergleichbaren Organisation. Heute waren wir für ihn früher alle irgendwo drin und dabei. Aber am meisten stört ihn an uns dieser Ostmief, den wir auch in den neuen Kleidern mit uns herumschleppen. Und dann dieses Gejammer! Was soll er denn sagen? Ihn haben wir doch schließlich enttäuscht und nicht umgekehrt. Jedenfalls, wenn sich einer beklagen dürfte, dann wäre er das doch wohl.

Bei allem Stolz auf sich selbst, für mich schämt sich mein linker Freund heute. Vor allem stört ihn, dass wir so lange befreundet waren, ohne dass er mich wirklich durchschaute. Heute kann ich ihm selbstverständlich nichts mehr vormachen. Damals habe ich ihn irgendwie hintergangen, indem ich ihm nicht immer und nicht klar genug widersprach, wenn er mir sagte, dass das im Osten doch immerhin eine Alternative wäre. Natürlich nicht für ihn. Aber dass ich das aushielt, diesen Real-Existieren-den, das fand er damals ganz prima. Und überhaupt sollte ich damals bloß nicht denken, im Westen wäre irgendwas besser. Was im Osten die Stasi, wäre im Westen der Kon-sumterror.

Natürlich hat mein Freund bei der Gauck-Behörde sofort Antrag auf Akteneinsicht gestellt. Dass angeblich keine Akten über ihn gefunden wurden, beweist ihm nur, für wie gefährlich ihn die Stasi gehalten hat. Die wirklich gefährlichen Akten wurden natürlich in letzter Minute zuerst vernichtet. Meinem Freund macht keiner mehr was vor. Er kennt doch die Staatssicherheit und ihre Tricks.

Dass ich keinen Antrag auf Akteneinsicht stelle, das kann mein Freund bei aller Liebe nicht verstehen. Natür-lich will er mir nichts unterstellen, das ist einfach nicht seine Art. Aber er fragt sich schon, ob ich ihm immer ehr-lich gesagt habe, mit wem ich hier über ihn so geredet habe. Und wenn ich ihm dann sage, dass mir diese ganze Stasi-Hysterie auf die Nerven ginge und dass ich Wich-tigeres zu lesen hätte als diesen Dreck, dann findet er es – gelinde gesagt – sehr merkwürdig, wie ich Deutscher mal wieder mit meiner Vergangenheit umgehe. Mein Verhalten erinnert ihn verdammt – und jetzt kann mein Freund seine moralische Empörung einfach nicht mehr verbergen – an das Verhalten seiner Eltern, die damals nach fünfundvierzig auch nichts mehr wissen wollten von dem, was sie vorher getan hatten.

Dass ich ihm entgegne, ich wisse sehr wohl noch, was ich in der DDR getan oder nicht getan habe, und nicht glaube, bei der Stasi die Wahrheit über mich zu finden, das hört mein Freund in seiner ehrlichen Empörung nicht mehr. Ja, er hat wieder etwas von dem Feuer damals, achtundsechzig. Unerbittlich erinnert er mich daran, dass ihn gerade dieses Verhalten seiner Eltern und meiner Eltern natürlich auch auf die Barrikaden getrieben hätte. Und wenn er nur etwas jünger wäre, und wenn ihm sein Job etwas mehr Zeit ließe, dann würde er vielleicht noch einmal von meinem so typisch deutschen Verhalten auf die Barrikade getrieben.

Das zeichnet meinen Freund, den Achtundsechziger wohl überhaupt aus. Was immer ihn auf die Barrikade getrieben hat oder treibt – es ist das Verhalten der anderen.

(1997/98)

Die Kapitalistin

Nicht alles, was wir in der DDR gelernt haben, war ganz und gar falsch. Fast nichts allerdings war auch ganz und gar richtig. Die meisten der damals gelehrten Wahrheiten waren – das haben viele neue Wahrheiten mit den alten gemeinsam – ein bisschen wahr beziehungsweise von wechselnder Halbwertzeit.

Am wenigsten haltbar erwiesen sich immer wieder die als ewig und unverbrüchlich ausgegebenen Wahrheiten.

Dazu gehörte alles, was wir über den Sozialismus zu lernen hatten. Um zu erkennen, dass das alles von hinten bis vorn erstunken und erlogen war, mussten wir nicht erst das Ende dieser Sozialismus-Abart à la DDR abwarten. Wie wenig die verkündeten Wahrheiten mit der erlebten Wirklichkeit zu tun hatten, das sah auch, wer nur zu gern an alles geglaubt hätte, was die Partei für die Wahrheit zu halten beschlossen hatte.

Was man uns zu DDR-Zeiten über den Kapitalismus erzählte, hielten wir aus gegebenem Anlass für genauso unzutreffend. Ja, diese DDR musste erst ganz und gar untergegangen sein, damit wir begriffen: Es war nicht alles falsch, was man uns in der DDR über den Kapitalismus erzählt hat. Manches an diesem nunmehr gelebten Kapitalismus scheint geradezu nach dem Bilde des Parteilehrjahrs geformt zu sein. Manchmal fragt man sich kopfschüttelnd, ob er sich, der Kapitalismus nämlich, nicht ein bisschen schämt, auf so peinliche Weise dem Bilde zu entsprechen, das die SED einst von ihm gezeichnet hatte.

Aber gerade das gehört zu den wesentlichsten Eigenschaften dieses Kapitalismus – er schämt sich überhaupt nicht. Ja, er scheint sich geradezu lustig zu machen über jeden, der sich Illusionen über seine Beschaffenheit machte. Also über uns sechzehn Millionen ehemaliger DDR-Bürger kann er nur lachen. Und je mehr er lacht, desto mehr vergeht uns das Lachen.

Zu den Lehrsätzen, die ich seinerzeit eingetrichtert bekam, gehörte der von der Determiniertheit des einzelnen Kapitalisten. Der einzelne Kapitalist, lernte ich, könne subjektiv ein noch so guter Charakter sein, objektiv gehöre er zur ausbeutenden, also bösen Klasse. Die subjektive Schönheit seines Einzelgesichtes vermag nicht zu täuschen über die hässliche Fratze seiner objektiven Ausbeuterpersönlichkeit.

Das war mir sogar, ich gebe es beschämt zu, zeitweise logisch erschienen. Als ich dann aber auf den Umkehrschluss kam, dass nach derselben Logik nämlich jeder Sozialist, sei er subjektiv noch so mies und hässlich, objektiv zum besseren und schöneren Teil dieser Menschheit gehörte, da zweifelte ich auch an der gesetzmäßigen Schlechtigkeit des einzelnen Kapitalisten.

In meinem engeren Familien- und Bekanntenkreis kamen Kapitalisten nicht vor. In der Familie meiner Frau hingegen wimmelte es geradezu von solchen objektiven Bösewichtern, die ich subjektiv als solche nicht empfand. Dass sie daheim, in ihrem fernen Kapitalismus, einer reinen Ausbeutertätigkeit nachgingen, daran dachte ich gar nicht. Sie waren Westler wie andere auch, und Westler waren in unseren östlichen Augen alle reicher als wir. Über die ganze Ausbeutung machten wir höchstens Witze. Während im Kapitalismus die Ausbeutung des Menschen durch den Menschen erfolge, sei das im Sozialismus genau umgekehrt.

Unser Kapitalismusbild jedenfalls war wesentlich mehr vom Werbefernsehen geprägt als von Marx. Und als mir Mitte der achtziger Jahre eine Dame aus Bayern schrieb, sie sei das, was man bei uns in der DDR eine Kapitalistin nenne, wusste ich mir darunter kaum etwas vorzustellen. Immerhin passierte es nicht alle Tage, dass ein Kapitalist sich Kapitalist nannte. Ausgerechnet diese Frau, die all ihren Reichtum benutzte, um anderen zu helfen – bevorzugt Häftlingen und Künstlern – nannte sich

Kapitalistin. Sie stammte aus Dresden. War in den Kriegs- und Nachkriegswirren mit ihrem Mann nach Bayern verschlagen worden und hatte dort aus dem Nichts, wie sie sagte, ein mittelständisches Stahlunternehmen aufgebaut. Als ihr Mann starb, führte sie das Werk allein weiter – wirtschaftlich immer erfolgreich, wie sie betont. Aber mit dem kapitalistisch verdienten Geld leistet sie sehr praktische Nächstenhilfe.

Als ich ihr dann in Bayern zum ersten Mal begegnete – es war bei einem Gastspiel der Dresdner Herkuleskeule in München – hielt sie das ganze Ensemble frei. Wer den kapitalistischen Überfluss schon einmal ganz ohne Geld erlebt hat, der weiß, wie unwirtlich er sein kann. Für uns Ostkünstler auf Westgastspiel war es da in München ziemlich unwirtlich, nein, wäre es unwirtlich gewesen ohne sie, die so unauffällig für uns alle zahlte, dass es uns gar nicht unangenehm werden konnte.

Sie verstand und versteht so zu geben, dass es dem Nehmenden fast normal erscheint, dass ihm gegeben wird. Man hatte nie den Eindruck, dass sie bezahlt hat. Es wurde vielmehr bezahlt. Nein, so locker wäre ich damals nicht gewesen, das Geld, das ich so gern gehabt hätte, mir von ihr schenken zu lassen.

Als dann die Wende kam, kam sie nach Dresden, um nachzusehen, was »man« – also sie – tun könnte. Sie hat keine Millionen zu verschenken. Aber was sie gibt, das »rechnet sich«. Für den, der bekommt, und für sie, die gibt, ohne sich als Geberin zu erkennen zu geben. Sie weiß, dass sie geholfen hat. Das genügt ihr. Und der, dem geholfen wurde, muss nicht danke sagen.

Mir hat sie gleich nach Fall der Mauer das geschenkt,

was ich am nötigsten brauchte, mir damals aber noch nicht hätte kaufen können: ein Kopiergerät. Sie gibt grundsätzlich keine Almosen. Entlassenen Häftlingen schenkt sie kein Geld. Sie besorgt ihnen Arbeit, damit sie selbst Geld verdienen können. Brotlosen Künstlern verschafft sie Aufträge. Oder Arbeitsmittel.

Da sie inzwischen sehr alt geworden ist, hat sie sich aus ihrem Unternehmen fast ganz zurückgezogen. Sie verwaltete zuletzt nur noch die Stiftung. Neulich rief sie mich an und sagte, sie müsse nun doch wieder richtig arbeiten. Der Betrieb wäre in die roten Zahlen gekommen, ihre leitenden Herren hätten am Markt vorbei geplant. Ja, sie versteht den ganzen Kapitalismus, sie weiß, wie man Gewinne macht. Sie ist mit Leib und Seele Kapitalistin. Ihr liegt daran, dass dieses System erhalten bleibt, an dem ich so meine Zweifel habe.

Der Sozialismus ist seinerzeit an zu wenig Sozialismus zugrunde gegangen. Im Moment sieht es so aus, als könnte der Kapitalismus an zu viel Kapitalismus zugrunde gehen. Dem arbeitet meine Freundin, die bekennende Kapitalistin, entgegen. Wenn es mehr von ihrer Sorte gäbe, hätte der ganze Kapitalismus eine wirkliche Überlebenschance.

(1997/98)

Ein Leben in Dankbarkeit

Wenn irgendwo in Europa eine Regierung so richtig abgewirtschaftet hat, wird sie abgewählt oder anderswie gestürzt. Nicht so in Deutschland. Wir Deutschen wählen unsere Regierung auch dann noch wieder, wenn selbst die Regierung schon gar nicht mehr damit rechnet.

Je schlechter wir regiert werden, desto mehr fürchten wir, dass sich irgendwas ändern könnte. Lieber eine Regierung, von der man weiß, wie unfähig sie ist, als eine Opposition, von der man das noch nicht weiß.

Die Deutschen scheinen dankbar zu sein, überhaupt regiert zu werden. Überhaupt spielt Dankbarkeit im Verhältnis von Regierenden und Regierten in Deutschland eine große Rolle. Als in Hamburg ein regierender Bürgermeister weniger Stimmen bekam, als er sich vorgenommen hatte, ließ er seine undankbaren Wähler beziehungsweise Nichtwähler deutlich spüren, was sie mit ihrer Undankbarkeit angerichtet hatten. Sie hatten ihn, ihren Bürgermeister so enttäuscht, dass er sich sofort von seinem undankbaren Volk zurückzog und sich weigerte, es weiter zu regieren. In Deutschland bestimmt eben der Regierende, wie lange er regieren mag, nicht der Wähler. Der Wähler kennt nur eine Angst – für undankbar gehalten zu werden.

Solange ich denken kann, wurde von mir Dankbarkeit erwartet. Vorher hatten meine Eltern ihrem deutschen Führer so dankbar zu sein, dass mein Vater seine übergroße Dankbarkeit gar nicht überlebte. Als das deutsche Volk dann trotz geradezu unglaublicher Treue und Dankbarkeit diesen Führer überraschenderweise doch überlebt hatte, vergaß es ihn allerdings mit atemberaubender Geschwindigkeit und richtete all seine neue Dankbarkeit auf die Befreier. Westdeutschland war ab sofort den USA dankbar, Ostdeutschland der UdSSR. Dieser sofort einsetzenden neuen Dankbarkeit war es unter anderem zu danken, dass den Deutschen auf beiden Seiten ihre frühere Anhänglichkeit an den Führer rasch vergeben und vergessen wurde.

Meine erste, ganz bewusste Erinnerung ist die an den Moment der Befreiung durch die Rote Armee, die ich allerdings damals nicht als Befreiung empfand. Im Gegenteil. Ich erinnere mich, ganz schreckliche Angst gehabt zu haben vor diesen schlitzäugigen Ungeheuern mit den Maschinenpistolen, die uns unten im Hof erwarteten, nachdem sie den Kirchwinkel in Finsterwalde ohne einen Schuss erobert hatten. Meine ersten russischen Soldaten waren offenbar Asiaten und erfüllten so alle Voraussetzungen für einen deutschen Kinderschreck. Ich weiß noch, wie froh meine Mutter und die anderen Hausbewohner waren, als diese Soldaten, ohne uns etwas anzutun, einfach wieder abzogen. Dafür waren wir ihnen sehr dankbar.

Als ich wenige Jahre später in meiner Geburtsstadt Finsterwalde zur Schule kam, war das Erste, was man mir beibrachte, dankbar zu sein für meine Befreiung durch die ruhmreiche Sowjetarmee mit dem größten Feldherrn aller Zeiten, dem weisen Josef Wissarionowitsch Stalin, an der Spitze. Auch dass mein Vater im Zuge meiner Befreiung sein Leben verloren hatte, erschien jetzt fast natürlich, hatten wir doch in jenem Stalin auch den Vater aller Werktätigen auf unserer Seite.

Diese erlernte, tiefe Dankbarkeit blieb allerdings, für

mich zumindest, eine ganz und gar theoretische Sache. So richtige Dankbarkeit empfand ich nur, wenn mir einer der zahlreichen russischen Soldaten Brot schenkte oder – auch das ist vorgekommen – gar ein Stück Würfelzucker. Ich weiß nicht, ob ich dann immer danke gesagt habe, aber empfunden habe ich eine von Herz und Magen kommende Dankbarkeit, ohne dazu aufgefordert werden zu müssen.

Ähnliche Gefühle der Dankbarkeit empfand ich gegenüber anderen Leuten in Finsterwalde, die mir direkt oder auf dem Umweg über meine Mutter halfen, nicht zu verhungern. Davon gab es einige. Soweit ich mich erinnere, verlangten sie, anders als der große unbekannte Stalin, keine ewige Dankbarkeit. Dafür bin ich ihnen heute noch dankbar, denn ich erinnere mich nur zu genau daran, wie deprimierend es war, immer nur dankbar sein zu müssen für Almosen, ohne die wir nicht überlebt hätten. Wie gern hätte ich selbst einmal was zu Verschenken gehabt!

Auch als ich später mein erstes Geld verdiente mit Kegel-Aufsetzen und Kohle-Rauftragen, hatte ich immer das Gefühl, dankbar sein zu müssen, dass ich diese Arbeit tun durfte und auch noch Geld dafür bekam. Die große, umfassende Dankbarkeit, die ich dem großen Stalin und seiner Sowjetarmee schuldete, beschäftigte mich viel weniger. Diese Dankbarkeit teilte ich ja mit allen Finsterwaldern, und ich kannte eigentlich keinen, den das irgendwie zu beschäftigen schien.

Im Laufe der Zeit wechselten dann auch die Dank-bar-keitsadressen. Und wenn ich zu meinen Verwandten nach Westberlin kam, erfuhr ich, dass sie ganz anderen Leuten dankbar waren, und diese Dankbarkeit wurde ihnen so ganz anders entgolten. Sie bekamen aus dem Land ihrer Befreier Fresspakete geschickt, und da wünschte ich schon manchmal, die Befreier mit ihnen, meinen Westverwandten, zu tauschen. Aber seine Befreier konnte man sich nicht aussuchen. Statt der Care-Pakete bekam ich eines Tages ein blaues Pionierhalstuch geschenkt, das mich zwar nicht satt, aber doch ziemlich stolz machte.

Im Laufe der Jahre ließ dann unsere ostdeutsche Dankbarkeit für Stalin merklich nach. Das drückte sich darin aus, dass sein Name seltener erwähnt wurde. Dafür waren wir jetzt dem Sowjetvolk im Allgemeinen und immer mehr auch den eigenen Vorbildern dankbar, der deutschen Arbeiterklasse und ihrer Partei. Auf diese Art und Weise gerieten wir Ostdeutschen dann allesamt mit auf die Seite der Sieger der Geschichte, und wäre nicht mein toter Vater gewesen, ich hätte ganz vergessen, dass das nicht immer so war. Deutsche Arbeiterführer wie Pieck, Grotewohl und Ulbricht sorgten dafür, dass junge Menschen wie ich zur Schule gingen und dort das Wissen erwarben, das sie zu allseits gebildeten sozialistischen Persönlichkeiten machte. Auch wenn es hier und da mit der Versorgung nicht so recht klappte, waren wir dem Westen doch um eine ganze Gesellschaftsordnung voraus. Dort gab es zwar Kaugummi und Schokolade, aber keine sozialistische Zukunft.

Meine Tante Anneliese in Berlin-Wilmersdorf aber konnte gar nicht oft genug betonen, wie dankbar sie wäre, in Westberlin zu wohnen, wo es Milch und Honig gäbe und keine Kommunisten.

Dass meine Mutter mit ihren drei Kindern im Osten blieb, konnte sie zwar nicht verstehen, aber dann meinte sie doch auch immer, mit drei Kindern wäre es auch im Westen nicht ganz leicht, so ganz ohne Vater. Ich versuchte, die Vorteile beider Systeme zu genießen, indem ich, wann immer ich konnte, meine Tanten in Westberlin besuchte, um mir Schokolade, Kaugummi und Karamelbonbons schenken zu lassen, während ich in Finsterwalde die Vorteile sozialistischer Schulbildung genoss. Wie nichtsozialistische Bildung aussah, wusste ich nicht, um so besser kannte ich den Geschmack westlicher Süßigkeiten. Also war ich sowohl meinen Westtanten als auch meiner Ostschule dankbar, denn beide – meine Westtanten und die Ostschule – legten Wert auf meine Dankbarkeit.

Nachdem ich dem Arbeiter-und-Bauern-Staat eine Grundschulausbildung verdankte, durfte ich auch noch das Abitur machen, immer mit der Gewissheit, eine glückliche Zukunft vor mir zu haben, die ich wie alles dem sozialistischen Staat verdankte. Von mir erwartete man Ordnung, Fleiß und Dankbarkeit, und dass ich keine allzu dummen Fragen stellte – etwa nach dem dankbar vergessenen Väterchen Stalin.

Manche meiner Mitschüler waren undankbarer als ich. Sie gingen mit ihren Eltern in den Westen und ließen uns und die ganze Republik im Stich. Republikflucht war der Gipfel an Undankbarkeit und galt als Verrat. Damals, als die Grenze in Deutschland noch grün war und in Berlin keine Mauer stand, machte aber mancher Republikflüchtling seinen Verrat auch schnell wieder gut, indem er zurückkam ins Arbeiter- und Bauernparadies, wo ihm dann auch manchmal genau die Wohnung zugesprochen wurde, die er vor seiner Flucht partout nicht bekommen hatte. Solche Teilzeit-Flucht nannte man damals in Finsterwalde auch eine einfache Wohnungsbeschaffungsmaßnahme.

Da die Arbeiterklasse in der DDR auch die Kultur und Kunst förderte, ermöglichte sie mir ein Studium an der Leipziger Theaterhochschule, gab mir dafür ein Stipendium und erwartete auch hier wieder nichts als Dankbarkeit, immer wieder Dankbarkeit. Ich gebe zu, diese Dankbarkeit nicht immer im geforderten Maße empfunden zu haben. Manchmal kotzte mich das ganze Gerede von Dankbarkeit geradezu an. Zum Beispiel, wenn wir Schauspielstudenten, statt sprechen, singen und fechten zu lernen, zu Arbeitseinsätzen in die Landwirtschaft oder Braunkohle geschickt wurden, wo wir den Arbeitern und Bauern unsere Dankbarkeit beweisen sollten, indem wir keinem nützten, aber allen im Weg standen. Ganz nebenbei erfuhren wir bei solchen Ausflügen in die »Produktion«, wie wenig sich der einzelne Arbeiter und Bauer aus seinem Arbeiter- und- Bauern Staat im Allgemeinen machte und wie wenig ihn unsere Kultur und Kunst interessierte.

Aus Dankbarkeit für das staatliche Geschenk eines Hochschulstudiums mussten sich die Studenten verpflichten, nach dem Studium dort zu arbeiten, »wo sie die Partei hinstellte«. Nein, Dankbarkeit war in der DDR nicht nur theoretisch gefordertes Gefühl. Manchmal war sie ziemlich konkret ausgeübter Druck. Aus Dankbarkeit wurde man Soldat, Parteimitglied oder Stasispitzel. Ein Staat, der seinen Bürgern alles schenkte, durfte auch alles von ihnen verlangen. Bürger, die das nicht einsahen, waren eben undankbar, beziehungsweise – so hieß das auch – sie hatten nicht die erforderliche staatsbürgerliche Reife.

Ganz und gar unbegreiflich blieb der Partei zum Beispiel, wieso Künstler und Schriftsteller, die im sozialistischen Staat Künstler und Schriftsteller hatten werden dürfen, diesen sozialistischen Staat kritisieren konnten. Angesichts solcher Undankbarkeit reagierten die Regierenden ganz und gar beleidigt. Schließlich verlangten sie von ihren Künstlern doch nicht nur Dankbarkeit. Sie bewiesen ihnen doch auch Dankbarkeit, indem sie dem dankbaren, also folgsamen Künstler Preise und Privilegien zukommen ließen. Ja, solche Preise wurden manchmal auch schon vorbeugend verliehen, um weiterer Undankbarkeit zuvorzukommen. Denn alle Dankbarkeit hatte auf Gegenseitigkeit zu beruhen.

Die Arbeiter und Bauern dankten der weisen Führung für weise Führung. Die weise Führung dankte den Arbeitern und Bauern für gute Führung beziehungsweise Planerfüllung oder doch zumindest für den Versuch, die Pläne zu erfüllen. Am Frauentag dankten Partei- und Staatsführung »unseren Frauen und Mädchen« für ihren unverzichtbaren Beitrag zur gemeinsamen Sache. Das besitzanzeigende Fürwort zeigte, wer hier wem gehörte.

Jede Berufsgruppe hatte ihren besonderen Ehrentag, an dem ihr gedankt wurde für »erbrachte Leistungen«. Eine »erbrachte Leistung« konnte gute wie schlechte Arbeit heißen – Dank gab es auf jeden Fall. Es gab einen Tag der Grenztruppen, des Lehrers, des Gesundheitswesens, der Werktätigen des Transportwesens. Einen Tag des Einlasspersonals gab es noch nicht, aber dass man jedem Pförtner dankbar zu sein hatte fürs Durchlassen, das war jedem Pförtner klar.

Diese allgemeine, nichtssagende Dankbarkeit führte in der DDR dazu, dass kaum noch einer seine Arbeit machte, aber immer überall Dankbarkeit erwartete – der Kellner dafür, dass er bereit war, mit den Gästen dieselbe Luft zu atmen, der Taxifahrer dafür, dass er seinen Wagen überhaupt aus der Garage herausfuhr, die Verkäuferin dafür, dass sie sich in ihrem Laden von fremden Leuten ansprechen ließ und der Postangestellte dafür, dass er seinen Schalter nicht nur aufmachte, sondern auch die eine oder andere Briefmarke herausgab. So kam es denn auch dazu, dass bei ständig wachsender Dankbarkeit die Arbeitsproduktivität immer weiter sank. Noch ganz zum Schluss der DDR, an ihrem vierzigsten Jahrestag, dankte ihr oberster Führer Erich Honecker seinem Volk für die erbrachten Leistungen.

Da aber hatte das Volk längst aufgehört, seiner Regierung noch für irgendetwas dankbar zu sein. Die Folge war, dass die Regierung abdanken musste. Und da gab es dann einen kurzen, aber unvergesslichen Augenblick der Dankbarkeitslosigkeit. Er dauerte etwa vom 4. bis zum 9. November 1989. Schon am zehnten waren wir wieder dankbar für Begrüßungsgeld und Südfrucht, für D-Mark und Demokratie.

Statt der Arbeiter- und Bauernmacht sah ich jetzt überall meine vergessen geglaubten Westtanten wieder, denen ich damals Kaugummi und Westschokolade zu verdanken hatte. Sie sitzen im Bundestag und in den Medien, in der Regierung und der Opposition, in den Gewerkschaften und den Arbeitgeberverbänden, und sie sagen alle dasselbe, wenn auch mit unterschiedlichen Worten. »Warum seid ihr denn nur immer so undankbar?«

Weil wir euch schon vierzig Jahre Dankbarkeit voraus haben!

(1997/98)

Wir Ewiggestrigen

Je weiter die Wende zurückliegt, desto seltener werden die anonymen Briefe. Sie machen mir auch kaum noch angst. Das war Ende 89/Anfang 90 anders. Da fürchtete ich mich schon vor diesem tapferen Volk der anonymen Briefeschreiber. Auch am Telefon wurde mir von solchen Volksgenossen oft genug versprochen, mit solchen wie mir schnell aufzuräumen. Mal galt ich als Privilegierter des Bonzenregimes, mal als einfacher Feind des Volkes und Antikommunist. Mein letzter Ehrentitel – er wurde mir, auch wieder anonym, vor einigen Tagen verliehen – lautete »mieser Kleinbürger«.

Daraus habe ich mir allerdings nichts mehr gemacht. Kleinbürger bin ich nun mal meiner Herkunft nach. Das galt in DDR-Zeiten als ein Makel, der durchaus mit materiellen Nachteilen verbunden sein konnte. Leute mit meiner Herkunft bekamen zum Beispiel weniger Stipendium als Leute mit proletarischer Herkunft. Ich fand das zwar ungerecht, hätte ich mich aber offiziell darüber beklagt, wäre das nur wieder Beweis meiner anhaltenden Kleinbürgerlichkeit gewesen. Wer damals in den sechziger Jahren kleinlich materielle Nachteile beklagte, hatte eine kleinbürgerliche Haltung, denn er übersah die gewaltigen Ideale eines Sozialismus, die die bessere Zukunft garantierten. Mit diesen Idealen hatte ich so meine Schwierigkeiten. Sie waren so abstrakt und widersprachen aller sozialistischen DDR-Wirklichkeit, dass man kein »schwankendes Element« sein musste, um sich über sie lustig zu machen. Als mir mein bester Freund einmal bei einem Arbeitseinsatz in der Braunkohle ziemlich verächtlich sagte, dass ich eben ein unverbesserlicher Kleinbürger wäre, traf mich das tief. Er hatte seinerzeit noch einen tiefen proletarischen Glauben an das Bessere in der Arbeiterklasse, den ihm seine Eltern vermittelt hatten. Kurz darauf, ich weiß den Anlass nicht mehr, verlor auch mein Freund seinen Glauben und wurde ein eher noch kleinbürgerlicher Kleinbürger als ich.

Natürlich nannten wir uns damals nicht Kleinbürger, sondern verachteten alles Kleinbürgerliche aus tiefem, jungem Herzen. Aber oft genug, wenn von kleinbürgerlichem Verhalten die Rede war, erkannte ich an mir Anzeichen solchen Verhaltens. Verbunden mit dem Wort kleinbürgerlich erschien damals auch der Begriff vom Ewiggestrigen. Kurz nach dem Krieg hatte er wohl den unbelehrbaren Nazis gegolten. Jetzt galt er allen und allem, was sich im Widerspruch befand zur fortschrittlichen sozialistischen Weltanschauung. Als Satiriker befand ich mich fast schon von Berufs wegen im Widerspruch zu dieser Weltanschauung, die zum Schluss der DDR nur noch aus einem ganz und gar dümmlichen Optimismus bestand, der nicht nur – wie wir das vom Optimismus im Allgemeinen sagten – ein Mangel an Information war, sondern einen solchen Wirklichkeitsverlust voraussetzte, dass er den meisten DDR-Bürgern krankhaft erschien.

Ganz kurz nachdem hier alles anders geworden war, hörte ich das Schimpfwort vom Ewiggestrigen wieder. Jetzt aber waren die gemeint, die nicht sofort und von ganzem Herzen allem abschworen, was sie einmal geglaubt hatten. Da das Leben nun mal die schönsten Pointen schreibt, nannte mich einer jetzt einen Ewiggestrigen, der das in seiner Eigenschaft als kleiner Parteisekretär schon früher mal getan hatte. Kein besonders böser Mensch, auch keiner, der besonders großen Vorteil gezogen hatte, damals nicht aus seiner unteren Parteifunktion und jetzt auch nicht auf seiner unteren Verwaltungsfunktion. Als ich ihn, allerdings etwas entgeistert, fragte, ob er sich nicht erinnern könnte, mir das schon einmal unter ganz anderen Verhältnissen vorgeworfen zu haben, stritt er es gar nicht ab. Es schien auch kein Problem für ihn zu sein. »Man hat eben dazugelernt«, sagte er, und ich wusste, dass er genau das nicht getan hatte.

Er ist ganz einfach einer von den gar nicht wenigen Ewigheutigen, ein ganz und gar harmloser übrigens. Er hat mir zu DDR-Zeiten nichts getan und wird mir jetzt erst recht nichts tun. Dazu fehlte und fehlt ihm die Macht. Er hat nur seine kleine Verwaltungsposition gerettet, die er – sagen wir – in Düsseldorf auch hätte innehaben können. Dort hätte er nicht umglauben müssen und wäre auf jeden Fall früher und heute besser bezahlt. Und er könnte den Kopf schütteln über seinesgleichen im Osten.

So, wie es diese Ewigheutigen schon immer gibt und geben wird, so ist das wohl auch mit den Ewiggestrigen. Sie wissen nie, was die Stunde geschlagen hat oder wo der Hase läuft. Sie passen in keine neue Zeit, und da neue Zeiten immer wieder kommen, passen sie eigentlich, wenn ihre Zeit erst mal vorbei ist, in keine Zeit mehr. Ewiggestrig können auch ganz junge Leute schon sein. Und manches an so einer neuen Zeit kann auch sehr alt sein.

Ewiggestrig ist immer der, der anders denkt beziehungsweise nicht glaubt, was jetzt alle glauben. Für Ewiggestrige kommen die neuen Zeiten und gehen auch wieder, nur ihr Zweifel bleibt über diese Zeiten hinaus bestehen. Für Ewiggestrige war früher nicht alles schlecht und ist heute nicht alles gut. Neu ist für sie kein Qualitätsmerkmal.

Ewiggestrige machen gewöhnlich keine Karriere, nicht weil sie etwas gegen eine Karriere hätten. Sie können sich eben nur nicht so schnell umstellen, wie das für Karrieren nun mal nötig ist. Kaum wird alles wieder ganz anders, gleich stellen sie sich wieder so an und reden heute noch den Quatsch, den sie gestern geredet haben. Sie trauen nicht nur sich selbst, sondern auch ihren Mitmenschen zu, sich an gestern erinnern zu können.

Ewiggestrige waren auch gestern und vorgestern schon von gestern und werden es in aller Zukunft sein.

(1997/98)

Heiligabend bei den Heiden

Mein christlicher Schwiegervater fragte mich einmal etwas von oben herab, wie wir Heiden – so hatte mich seit meiner Kindheit in Finsterwalde keiner mehr genannt – denn eigentlich die christliche Weihnacht feiern könnten? Mit der Gelassenheit des an nichts als die eigene Überlegenheit glaubenden Atheisten erklärte ich meinem verblüfften Schwiegervater den erwiesenermaßen heidnischen Ursprung aller christlichen Weihnacht. Er nahm das einfach hin, ohne ein Wort der Erwiderung. Die Art allerdings, wie er nichts sagte, zeigte mir, dass wir uns in der Stärke des gegenseitigen Überlegenheitsgefühls durchaus das Wasser reichen konnten.

Diese Geschichte fiel mir erst viel später, Anfang der

neunziger Jahre, wieder ein. Es war zu jener Zeit, als unsere östliche, konsequent atheistische Gewissheit des Besserwissens einer totalen Verunsicherung gewichen war angesichts der überwältigenden Nochbesserwisserei der christlichen Westdeutschen. Schon das Wort Osten bezeichnete keine Himmelsrichtung mehr, sondern den schieren Abgrund. Und wer aus diesem Abgrund kam, dem wurde mit dem vereinten Kopfschütteln des höheren Westens begegnet. Da, wo einst die Mauer gestanden hatte, entdeckte man nun die Grenze zwischen Zivilisation und Barbarei.

Mein langjähriger Freund, der Historiker Arnulf Baring, hatte uns, nachdem wir beide eben noch von gleich zu gleich verkehrt hatten, unsere östliche Minderwertigkeit so grundsätzlich bescheinigt, dass ich am eigenen Menschsein zu zweifeln begann. Da half es auch nicht, dass er, östlich von uns, eine noch größere, wodkaselige Minderwertigkeit ausmachte. Ein bisschen mehr oder weniger Barbar, darauf kam es nun auch nicht mehr an.

Eine familienangehörende Westlehrerin klärte mich auf über die Unfähigkeit ausnahmslos aller Ostlehrer, sinnvolles Wissen zu vermitteln, geschweige denn, ihre Schüler zum Denken anzuhalten. Seitdem frage ich mich, woher meine Kinder ihr Wissen und ihre Denkfähigkeit wohl haben mögen. Beides gab es seinerzeit ja auch nicht im Intershop.

Ein befreundeter Bauingenieur erzählte mir, wie er von seinen Westberliner Berufskollegen immer wieder seinen Beruf erklärt bekäme. Im Fernsehen schließlich seh ich selbst einen Westberliner Abiturienten, der einem Ostberliner Rentner sagte, dass ihm der ganze Wohlstand ja auch nicht in den Schoß gefallen sei. Die Ostler müssten eben erst mal arbeiten lernen, bevor sie am westlichen Wohlleben teilnehmen dürften.

In jener Zeit jedenfalls, in der uns ein für allemal so unvergesslich klargemacht wurde, was mit uns los beziehungsweise eben nicht los ist, fragte mich ein Stuttgarter Ehepaar, ob es denn Weihnachten in der DDR überhaupt gegeben habe. Zuerst war ich nur verblüfft, dann aber doch zunehmend verunsichert. Konnten wir uns unser Weihnachtsfest nicht genauso eingebildet haben wie unser ganzes höheres Menschsein?

War Weihnachten nicht eher ein sozialistisches Jahresendfest geworden, wie aus Weihnachtsmann und Weihnachtsengel eben jene Jahresendfiguren m. F., beziehungsweise o. F., also mit oder ohne Flügel geworden waren? Wie immer man die Weihnachtsfeiern auch nennen mochte – kein noch so sozialistisches Kollektiv ließ sich das Fest entgehen. Wenn die Feierlichkeit dann ihren alkoholischen Höhepunkt erreicht hatte, konnte es vorkommen, dass auch der Genosse Parteisekretär ein christliches »Vom Himmel hoch, da komm ich her« anstimmte und sich eine Träne der Jahresendrührung aus dem parteilichen Auge wischte.

So richtig gnadenbringend aber war die Weihnachtszeit wohl nur für DDR-Bürger mit Westverwandtschaft. Von der kamen schließlich diese so heißgeliebten Weihnachts-pakete, ohne die so manche Ostweihnachtsbescherung traurig ausgesehen hätte. Und wenn dann am ersten oder zweiten Weihnachtsfeiertag diese Verwandtschaft selbst vor der Tür stand, dann kannte die Freude so lange keine Grenzen, bis irgendeines der heiklen Themen zur Sprache kam. Heikle Themen zwischen Ost- und Westverwandten hat es nämlich immer gegeben. Nur war damals, bevor es zum großen Krach kommen konnte, die Besuchszeit meist vorbei, und dann nahm man sich vor, dieses oder jenes heikle Thema beim nächsten Besuch einfach auszulassen. Das gelang zwar nicht immer, aber damals konnte man sich immerhin einbilden, alles läge nur daran, dass man sich so selten sehen konnte. Seit wir uns sehen können, ob wir wollen oder nicht, wissen wir, die Mauer hat uns nicht nur getrennt, sie hat uns auch voreinander geschützt. Auch wer nie Westverwandte hatte, ist diesen jetzt ganz und gar ausgeliefert. Und wer damals seine Ostverwandtschaft nur deshalb immer wieder zu sich eingeladen hatte, weil er wusste, sie kommen ja nicht, muss heute immer mit einem Rachefeldzug – Gegenbesuch genannt – rechnen.

Als unverbesserlicher Jammer-Ossi habe ich hin und wieder den Eindruck, die Westler haben uns ihren Westen so gebracht wie einst die christlichen Kreuzritter den heidnischen Barbaren die christliche Weihnacht – mit aller Gewalt und der festen Überzeugung, es ganz und gar gut gemeint zu haben.

(1997/98)

Wir und unsere Warendecke

Wo kommt das nur alles her, was da in unseren Geschäften so herumliegt und -steht? Und wer soll das alles kaufen. Vor allem aber – warum soll man das ganze Zeug kaufen? Früher in der DDR hieß es: Wir können nur verbrauchen, was wir vorher produziert haben. Heute gilt: Wir müssen aber auch verbrauchen, was wir produziert haben. Egal, ob wirs brauchen.

Brauchen Sie zwanzig verschiedene Sorten Dauerwurst? Zu DDR-Zeiten gab es zwei, höchstens drei Sorten. Und damals brauchte sie jeder von uns, der nach Ungarn fahren wollte im Urlaub. Dauerwurst und Tütensuppen gehörten zur Grundausstattung des DDR-Urlaubers im sozialistischen Freundesland. Denn unsere sozialistische Binnenwährung nahm man uns draußen nicht ab. Heute haben wir eine allseits gerngesehene und -genommene Währung, brauchen also weder Dauerwurst noch Tütensuppen. Trotzdem gibt es heute von beidem so unendlich viele Sorten. Sie unterscheiden sich namentlich und verpackungsmäßig, nicht aber – beziehungsweise sehr selten – im Geschmack. Die deutsche Dauerwurst ist wie auch die deutsche Tütensuppe in ihrem Einheitsgeschmack ganz und gar unverwechselbar.

Diesen Einheitsgeschmack hatten beide übrigens in Ost und West schon vor der deutschen Einheit. Anders als am deutschen Menschen ist die Teilung an deutscher Dauerwurst und Tütensuppe fast spurlos vorübergegangen.

Allerdings lebten wir hier im Osten lange in dem Kinderglauben, die bessere, buntere Tüte enthalte auch die

138

bessere Suppe. Heute wissen wir, das Auge isst nur mit, bis der Löffel im Mund ist.

Wie ekelten wir uns früher vor den unansehnlichen Obst- und Gemüseauslagen bei Konsum und HO und mussten noch froh sein, so ungewaschenes, madiges Zeug überhaupt zu bekommen. Damals träumten wir von jenen glänzenden Westfrüchten, die jenseits von Mauer und Stacheldraht im Überangebot waren. Heute kann es schon vorkommen, dass wir uns zurücksehnen nach diesen ungewaschenen, madigen Ostfrüchten, die auch die Maden nicht verschmähten. Das Auge isst zwar noch immer mit. Aber es ist nun mal nicht des Menschen einziges Geschmacksorgan. Die so lange von uns entbehrte Weihnachtserdbeere ist ausschließlich fürs Auge gemacht, wie fast alles inzwischen weltweit auf holländisch produzierte Obst und Gemüse.

Dass die heute handelsüblichen Blumen aussehen, als kämen sie aus Labor und Designermappe, stört mich weniger. Die will ich ja nicht essen. Aber die Tomate … Wehmütig gedenke ich heute jener matschigen Konsum-Tomaten, die nicht nur das an natürliche Tomaten erinnernde Aroma verkörperten, wie das die Designerfrucht von heute tut. Die Banane hat sich der Ostdeutsche erkämpft. Seine Tomate dürfte für immer verloren sein.

Sicher wird jetzt hier in Berlin und Brandenburg auch wieder geworben für die Produkte aus der Region. Und ich kaufe möglichst das, was hier wächst oder produziert wird. Nicht etwa, weil die heimischen Produkte besser wären. Die längst wieder gesamtdeutsche Chemie bringt inzwischen allen Obstbauern Wohlstand und ihren Früchten Schönheit. Vom Havelobst aber weiß ich wenigstens, dass es vor dem Verbrauch nicht erst quer durch Deutschland transportiert werden musste.

Keinem Schwarzwälder würde ich die brandenburgische Schattenmorelle oder die berühmte Spreewaldgurke empfehlen. Es sei denn, er ist hier zu Besuch. Dann würde ich ihm einen Spreewaldbesuch empfehlen. Dort mag ihm die daselbst eingelegte Gurke vorkommen wie eine ganz und gar einmalige Delikatesse. Und wenn er dann daheim im Schwarzwald das aus Lübbenau mitgebrachte Glas Gurken öffnet, mag ihm die Erinnerung an den schönen Spreewald den Geschmack noch mal veredeln. Wenn er das gleiche Glas aber erst im Supermarkt nebenan kauft, wird er sich wundern, dass die berühmten Spreewaldgurken jetzt kaum anders schmecken als die andern handelsüblichen sauer eingelegten Gurken.

Als ich im vergangenen Jahr am Rande der französischen Alpen war und in einem kleinen Café ein Glas Weißwein bestellte, fragte mich die Wirtin ganz selbstverständlich, ob ich einen Wein aus der Region haben wollte oder nur einen ordinären. Natürlich bestellte ich den Wein aus der Region, und er schmeckte wunderbar.

Hier in Berlin seh ich dann im Supermarkt diesen gleichen »Wein aus der Region« und kaufte ihn. Allerdings schmeckte er hier, weit außerhalb der Region, wie ein ganz ordinärer, trockener Weißwein. –

Ich weiß ja, Globalisierung bedeutet auch, dass ich künftig in Kapstadt irische Butter, flämische Leberpastete und französischen Käse kaufen kann. Allerdings frage ich mich auch, ob sich der Weg nach Kapstadt lohnt, um dort genau das zu essen und zu trinken, was ich auch in Berlin, Paris oder Lüdenscheid essen und trinken kann. Ich kenne die südafrikanische Küche nicht, aber wenn ich nach Südafrika komme, möchte ich nicht unbedingt das essen, was inzwischen überall in Mitteleuropa gegessen wird. Südafrikanischen Wein übrigens kenne ich inzwischen dank der Weltoffenheit meines Supermarktes. Ich weiß auch noch, dass ich ihn ganz gut, aber eben nicht außergewöhnlich fand. Sollte ich allerdings irgendwann einmal nach Kapstadt kommen, so bin ich sicher, dort werde ich keinen anderen Wein anrühren als den südafrikanischen.

Wer aus dem Mangel kommt wie wir Ostdeutschen damals anno 89 – wie relativ dieser Mangel war, lasse ich jetzt mal dahingestellt –, sieht den Überfluss mit anderen Augen als jemand, der in diesem Überfluss aufgewachsen ist. Ich erinnere mich noch sehr gut daran, wie die Altbundesbürger lachten oder verständnislos den Kopf schüttelten, als wir Ossis uns auf leere Plastiktüten, Bananen und holländisches Gemüse stürzten. Ich habe mich damals für meinesgleichen geschämt. Aber woher sollten die Leute hier den Unterschied gelernt haben zwischen den überflüssigen Plastiktüten und dem schönen Luxus eines opulenten Käsetellers?

Dieser weite Warenteppich verlangte von uns nach der ewig knappen Warendecke sozialistischer Mangelwirtschaft ein völlig neues Verbraucherverhalten. Dass damit keine neue Zivilisationsstufe verbunden war, lernten wir schnell. Aber als Verbraucher machten wir in kürzester Zeit alle Fehler nach, die die Altbundesbürger in den vierzig Jahren davor gemacht hatten. Das verlieh diesen Altbürgern das schöne Gefühl immer wieder bestätigter Überlegenheit.

Immerhin brauchten wir erstaunlich wenig Zeit, um festzustellen, was wir alles nicht brauchen von dem, was uns früher als wunderbar westlicher Werbetraum erschienen war auf unseren Bildschirmen aus Staßfurt. Nicht Tagesschau oder Heute hatten unser Westbild geprägt, sondern ausschließlich das Werbefernsehen. Ob Tagesschau und Heute immer die Wahrheit sagten, daran mochte mancher im Osten zweifeln. Am Werbefernsehen zweifelte man nicht. Ist es ein Wunder, dass der Ostler tief enttäuscht war, als er feststellen musste, nicht nur von Honecker und seinem DDR-Fernsehen belogen und betrogen worden zu sein, sondern auch vom westlichen Werbefernsehen? Deshalb hat es jetzt wohl alle Werbung im Osten schwerer als im Westen. Das halte ich für ein kleines Zeichen östlicher Überlegenheit.

Da die vier Grundrechenarten relativ ideologiefrei auch im Osten gelehrt worden waren, brauchten wir auch nicht lange, die Kunst des Preisvergleichs zu erlernen. Alle Energie, Zeit und Intelligenz, die wir früher darauf verwenden mussten, irgendwelche Mangelwaren überhaupt zu ergattern, brauchen wir nun, um das, was im Überfluss überall herumsteht in den Geschäften, möglichst preisgünstig zu erwerben. Wir lernten den Lehrsatz des Ludwig-Erhard-Pythagoras vom Preis-Leistungs-Verhältnis.

So wie wir auf diesem intellektuellen Gebiet unseren Brüdern und Schwestern kaum noch nachstehen, lernten wir auch, uns zu kleiden, dass unsere östliche Herkunft am Anorak nicht mehr festzumachen ist. Auch den peinlichen DDR-Trainingsanzug warfen wir auf den Misthaufen der Geschichte und tragen nun jene modisch farbenfrohen Jogginganzüge der neuen Zeit. Und die sozialistische Kittelschürze der werktätigen DDR-Bürgerin verschwand weitgehend aus unserm Menschenbild. Wie das heißt, was unsere jetzt weit weniger werktätigen Bundesbürgerinnen tragen, wenn sie die Treppe wischen oder nach Mallorca fahren, weiß ich nicht. Ich mag es auch nicht wissen. Jedenfalls will mir jene Dederon-Kittelschürze bei aller Hässlichkeit erscheinen wie ein früher Sieg des zwar nicht guten, aber doch nicht ganz so schlechten Geschmacks.

Abgesehen von allen Geschmacksfragen halte ich inzwischen vieles von dem neuen Überfluss nicht nur für entbehrlich, sondern für schädlich. Nicht nur, dass überall auf der Welt völlig überflüssige Dinge in ungeheuren Mengen hergestellt werden, diese überflüssigen Produkte aus oft ganz und gar nicht überflüssigen Rohstoffen werden ganz und gar überflüssigerweise so lange durch die Welt gekarrt, bis man irgendwo einen Dummen findet, der bereit ist, dafür zu bezahlen. Seit es die DDR nicht mehr gibt mit ihren beinahe siebzehn Millionen Alles-Abnehmern, sind die Wege in Europa noch weiter geworden. Dafür allerdings sind die Straßen- und Eisenbahnverbindungen jetzt auch besser. Das ermöglicht einen immer reibungsloseren Ablauf des Hin-und-Her-Transport-Wahnsinns. Dass die Luft über Ostdeutschland trotzdem nicht schlechter wird, liegt allein daran, dass hier alle umweltschädliche Industrie ausgelagert wurde, um die Luft über den Billiglohnländern zu bereichern.

Alle Luft-, Wasser- und Landwege dieser Erde werden genutzt, um Mensch und Ware dahin zu bringen, wo sie einander nicht mehr ausweichen können. Noch betrachtet man den Menschen ja unglücklicherweise als uner-

setzliches Zwischenlager für den von ihm produzierten Müll, bevor man diesen seiner Endlagerung zufüh-
ren kann. Der direkte Weg von den Produktionsstätten zu
den Müllplätzen dieser Erde wäre unwirtschaftlich, weil
die vielen Zwischenhändler dabei auf der Strecke blieben.
So kann es denn passieren, dass ein relativ kurzlebiger
Fruchtjoghurt heutzutage größere Entfernungen zurück-
legt als ein DDR-Bürger einst in vierzig Jahren Sommer-
urlaub. So wie wir endlich überall freie Fahrt für freie
Bürger haben, gibt es jetzt eben auch freie Fahrt für freien
Joghurt.

(1997/98)

Die andere Möglichkeit

Wäre es im November 1989 in Europa nicht gekommen,
wie es gekommen ist, sondern genau umgekehrt – hätte
sich also nicht das östliche Lager aufgelöst, sondern das
westliche-, gäbe es heute in Westeuropa mindestens so
viele überzeugte Kommunisten, wie es jetzt Demokraten
gibt in Osteuropa. Auch der Papst käme nicht umhin, den
Sozialismus als gottgewollte Ordnung zu begrüßen und
von den großen Möglichkeiten der Kirche im Sozialismus
zu predigen. Längst hätte er einen sowjetischen Kardinal
zu seinem Nachfolger bestellt, denn die führende Rolle
der Sowjetunion müsste nun auch im Vatikan durchge-
setzt werden.

Die wenigen, noch bekennenden Demokraten in Europa
würden als Ewiggestrige verlacht. Denn die Über-legenheit
der Diktatur des Proletariats hätte sich endgültig erwiesen,

und auch die Frankfurter Sozialistische Allgemeine würde vom Ende aller Demokratie sprechen. Westliche Literatur und Kunst würden nicht länger aus rein politischen Gründen überschätzt, sondern als absolut zweitrangig ignoriert werden. Ein ganz neuer Marcel Reich-Kurella würde die entsprechenden Urteile sprechen.

Die kommunistischen Parteien Europas könnten sich vor Aufnahmeanträgen kaum retten. Einige kleinere westdeutsche Gemeinden wie Bonn und Garching-Süd würden geschlossen um Aufnahme in die zur mächtigen Sozialistischen Einheitspartei vereinigte Arbeiterpartei bitten. CDU, FDP und Grüne legten ein Bekenntnis zur Bündnispolitik ab und fänden ihren untergeordneten, aber sicherer Platz in der Nationalen Front des real-überlebthabenden Sozialismus. Die Bayerische CSU würde um die Erlaubnis nachsuchen, sich künftig Christlich-Sozialistische Union nennen zu dürfen, und aus dem Freistaat würde der erste sozialistische Alpenbezirk der DDR.

Diese nun in ganz Deutschland real-existierende DDR wäre gleich nach der UdSSR der zweite große Lehrmeister aller Nationen. Irgendwann würde eine neue Losung sogar heißen: Von der DDR lernen, das heißt, über die Sowjetunion siegen lernen!

Ganz Europa käme endlich in den Genuss der Segnungen sozialistischer Planwirtschaft. Die schrittweise kontinuierliche Verknappung aller Gebrauchsgüter und Nahrungsmittel würde mithelfen, die sozialistische Menschengemeinschaft noch enger zusammenzuschweißen. An die Stelle der kalten Ware-Geld-Beziehung würde der heiße sozialistische Tauschhandel treten – gibst du mir deine Mischbatterie, geb ich dir meine Auspuffanlage.

Nach ein, zwei Fünfjahrplänen gäbe es auch endlich überall den gesunden Arbeitskräftemangel, denn sozialistische Technologie und die daraus resultierende Arbeitsproduktivität würden sicherstellen, dass immer mehr Menschen immer weniger Waren herstellen. Statt mit westlicher Computertechnik würde man endlich überall mit Hammer und Zirkel unter dem sozialistischen Ährenkranz arbeiten. Das Internet, als Betätigungsfeld feindlich-negativer Kräfte, würde durch regelmäßige Stromabschaltungen unwirksam gemacht, und fröhliche Wassersportler auf dem Starnberger See würden demonstrieren, was das ist – Surfen im Sozialismus.

Da, wo jetzt noch die Frankfurter Börse steht, wäre eine zentrale Akademie sozialistischer Politökonomie eingerichtet worden, und statt der Aktienkurse würden überall in Stadt und Land die Kennziffern sozialistischer Industrie und die Ergebnisse der Getreide- und Kartoffelernte veröffentlicht werden. Wo heute für die Telekom-Aktie geworben wird, würde Manfred Krug die Menschen überzeugen von einer gesunden Ernährung mit Kim-Ei, Broiler und Süßtafel.

Karl-Eduard von Schnitzler wäre ins Kanzleramt übergesiedelt, um aus dieser Höhle des Klassenfeindes einen Hort der Wahrheit zu machen. Von hier aus würde er über alle europäischen Kanäle die letzten in Europa noch anzutreffenden Klassenfeinde entlarven – den Frühling, den Sommer, den Herbst und den Winter. Mit seinen zutiefst parteilichen Wettervorhersagen würde er jedes Regengebiet als dem Sozialismus zutiefst wesensfremd verurteilen und alle Tiefausläufer als feindlich-negative Eindringlinge entlarven.

Die sofort in Volkseigentum überführte Kohle- und Stahlindustrie an Rhein und Ruhr hätte längst aufgehört, kapitalistischen Profit abzuwerfen – rote Zahlen über dem Ruhrgebiet würden künden von der Überlegenheit sozialistischer Produktionsweise. Das vereinigte volkseigene Kombinat Krupp/Thyssen hätte den verpflichtenden Namen Günter Mittag verliehen bekommen. Aus Jil Sander wäre die Margot-Honecker-Dederon-Kollektion geworden: Vom Blaumann bis zur Kittelschürze – Margot bringt der Mode Würze.

Die jetzt über ganz Deutschland verstreute Auto-produktion wäre zusammengelegt worden zu einem deutschen demokratischen Zentralkombinat Fahrzeugbau unter der Leitung erfahrener Fahrzeugbauer aus Zwickau und Eisenach. Mercedes Benz dürfte künftig den Wartburg in Lizenz bauen und Wolfsburg den Trabant, beide natürlich in Vorwendequalität. Unter der Devise »Keine Experimente – mit der Kraft der zwei Takte« würden Wartburg und Trabant das sozialistische Straßenbild ganz Deutschlands bestimmen.

Die geltenden Wartezeiten auf diese Kraftfahrzeugmodelle würden einheitlich auf fünfundzwanzig Jahre festgelegt. Neu-DDR-Bürger bekämen die Möglichkeit, ihre Alt-West-Wagen kostenlos an die Alt-DDR-Bürger abzugeben als ein kleines Zeichen der Dankbarkeit für den ihnen geschenkten Sozialismus.

Die staatlichen Handelsorganisationen KONSUM und HO hätten innerhalb kürzester Zeit alle Warenhäuser und Supermärkte der Ex-BRD auf Oststandard umgerüstet. Das anfängliche Monopol der Ostsortimente würde nur ganz allmählich gelockert, so dass nach einigen Jahren auch die eine oder andere eingelegte Gurke aus dem Schwarzwald oder die eine oder andere Flasche aus dem Rheingau ins sozialistische Angebot käme.

Um die Attraktivität der Hauptstadt der vereinigten DDR planmäßig zu erhöhen, wäre der Handel mit besonders hochwertigen Luxusgütern wie Pflaumenmus und Videorecordern auf Berlin beschränkt. Auf diese Weise würde der Reiseverkehr von und nach Berlin nachhaltig gefördert werden.

Die jährliche Weihnachtszuteilung von leistungsabhängigen fünf bis sieben Apfelsinen, beziehungsweise zwei bis dreieinhalb Chiquita-Bananen wäre versuchsweise auch auf die ländlichen Gebiete auszudehnen. Lediglich die linksrheinischen DDR-Randgebiete müssten aus verkehrstechnischen Gründen vorläufig noch von dieser Sonderversorgung ausgeschlossen bleiben. Bis Bonn allerdings würde die Weihnachts-Sonderzuteilung auf jeden Fall gebracht werden. Hatten doch die Bonner besonders unter dem ewigen Kohl zu leiden und haben sich ihre Südfrucht unterm Weihnachtsbaum redlich verdient.

Nachdem sich der ehemalige Kanzler der ehemaligen BRD mit seiner Frau durch die Flucht in die argentinische Botschaft seiner gerechten Bestrafung feige entzogen hätte, würde man Oggersheim zu einem sozialistischen Umerziehungsdorf umgestalten. Hier dürften die weitgehend ahnungslos gebliebenen Rheinpfälzer – das DDR-Fernsehen hatte sie ja vierzig Jahre nicht erreicht – nun endlich erfahren, was herauskommt, wenn russischer Kommunismus auf fruchtbaren preußischen Boden fällt. Die ehemaligen Mitglieder der Bonner kriminellen Vereinigung von Regierung und Opposition wären auf die Insel Helgoland verbracht, um hier zum sozialistischen Kollektiv zu reifen. Eine Siegerjustiz würde es in der vereinigten DDR nicht geben, allenfalls die eine oder andere Begnadigung. So würde man beispielsweise lernfähig erscheinenden Kadern wie etwa Guido Westerwelle Gelegenheit geben, sich im Zentralrat der Freien Deutschen Jugend zu bewähren. Auch Norbert Blüm wäre dank seiner proletarischen Herkunft und Ausstrahlung durchaus wiederverwendungsfähig, etwa in einer Anstalt sozialistischer Altenpflege. DDR-Rentner wären auch durch ihn nicht mehr aus der Fassung zu bringen.

Der neue Alterspräsident und alte Minister für Volksaufklärung Erich Mielke hätte in seiner Eröffnungsrede vor der nun auch gesamtdeutschen Volkskammer alle Neu-DDR-Bürger seiner umfassenden Liebe versichert. An einem Telefon des Vertrauens dürfte ihm künftig jeder DDR-Bürger auch ohne Verpflichtungserklärung mitteilen, was er über seine Nachbarn, Freunde und Verwandten schon immer mal sagen wollte. Unter der Losung »Einer sei des andern IM« würde eine allumfassende Volksaussprache beginnen.

Dann endlich wäre Wirklichkeit, was in der früheren DDR nur ein Witz war – die drei größten Staaten der Welt, die mit U beginnen, wären die UdSSR, die USA und UNSERE DEUTSCHE DEMOKRATISCHE REPUBLIK.

(1998)

Das alte Feindbild

Mehr als alle Freundschaft der Welt kann ein gemeinsames Feindbild uns Menschen verbinden. Wie wenig wirkliche Freunde man hat, merkt man erst, wenn das gemeinsame Feindbild plötzlich verschwunden ist, und man mit seinen unzuverlässigen Gefühlen alleingelassen wird.

Als wir uns im Osten noch so schön einig waren gegen DIE DA OBEN, waren wir so etwas wie eine klassenlose Gesellschaft. Schon das gemeinsame Meckern verband uns und schenkte uns viel von der menschlichen Wärme, die wir jetzt so schmerzlich vermissen in dieser kalten Ellenbogengesellschaft. Der Grundkonsensus ist weg. Wie unproblematisch einigte man sich auch noch mit dem unfreundlichsten Taxifahrer, Pförtner oder Gemüsehändler, dass an dem ganzen unfreundlichen Elend das System allein schuld sei. Das unerbittliche Schimpfen auf die allgemeine Unfreundlichkeit schuf eine solidarische Gemeinsamkeit und gab Geborgenheit.

Und da WIR DA UNTEN alle die gleichen politischen Witze erzählten, wähnten wir uns auch alle in gemeinsamem Widerstand gegen DIE DA OBEN – Genosse und Nichtgenosse, Blockfreund und Jugendfreund, Professor und Klempnermeister, Kabarettist und Kabarettbesucher. Und dabei wurde gemunkelt, die schärfsten Witze kämen von ganz oben. Satirischer Widerstand wurde also auch von denen geleistet, gegen die sich der Widerstand richtete. In Wandlitz wurden die Witze erfunden, die das Volk dann heimlich weitererzählte. Von Herbert Wehner wurde erzählt, er habe Witze gesammelt. Unser Politbüro hat sie gemacht.

Vom Klassenfeind sprach man längst nur noch in Anführungszeichen. Denn – Marx hin, Marx her – dass dieser Klassenfeind die besseren Autos baute, hatte auch die Parteiführung erkannt. Ja, sie übte praktische Kritik an der eigenen Autoproduktion, indem sie sich in aller Öffentlichkeit in Westautos durch den Sozialismus kutschieren ließ. Ich als Nichtgenosse fuhr feige und angepasst nur Trabant und Wartburg. Jetzt fahre ich mutig und unangepasst einen durch und durch individuellen Volkswagen der Marke Golf. Zu Trabant und Wartburg allerdings hatte ich ein viel innigeres Verhältnis. Wie oft lag ich darunter, zerlegte liebevoll Lichtmaschine und Vergaser, obwohl ich auch damals wenig vom Auto verstand. Mit dem Golf fahre ich nur so herum, und sollte er einmal nicht mehr fahren wollen, werde ich ihn fremden Mechanikerhänden überlassen und mit Geld bezahlen, was ich früher ohne Sachkenntnis, aber mit viel Liebe selbst ausführte – die Reparatur. Das zwischenmenschliche Verhältnis zum Auto ist in der Freiheit zwar nicht unbekannt. Aber wer schmückt heute seinen Mercedes mit Gardinchen, wie er früher seinen Trabant schmückte. Und wie eng schweißte dieser Trabant früher eine vier- oder fünfköpfige Familie wie die meine zusammen!

Heute sitzt mein ältester Sohn einsam in seinem kalten Japaner und lächelt über den Golf seines Vaters. Eine Klimaanlage ersetzt ihm inzwischen das, was wir früher an menschlicher Wärme im Trabant selbst produzierten.

Und wie viel Freundschaften – zu DDR-Zeiten sorgsam gepflegt – sind inzwischen zerbrochen. Keinen Klempner lade ich mehr zu stundenlangem Kaffeeklatsch zu mir ein. Ich bestelle ihn kühl, er kommt, sieht mich kaum an und repariert. Früher hatte ich ihn liebevoll zu bewirten, und es war nicht sicher, ob er dann auch noch zum Reparieren kommen würde. Das Zwischenmenschliche war dem sozialistischen Privatklempner wichtiger als die kaputte Wasserleitung.

Seit wir alle in der Marktwirtschaft leben, hat sich im Osten die Zahl der praktizierenden Handwerker über Nacht vervielfacht, obwohl die Geburtenrate in den Keller sank. Aber es ist nicht mehr das herzliche Verhältnis zwischen uns. Ich schweige auch nicht mehr so dankbar, wenn sie das tun, was nun mal zum Handwerk gehört – pfuschen. Der Pfusch ist heute viel teurer, aber nicht weniger geworden. Früher war weniger Geld und mehr Liebe zwischen uns. Denn früher war das Material schuld am Pfusch, und am Material war das System schuld, also DIE DA OBEN. Darin waren wir uns immer einig. So wie die bedingungslose Liebe zum Handwerker ist auch die innige Freundschaft weggebrochen, die mich mit allen verband, die etwas besorgen konnten. An die Stelle tätiger Solidarität – besorgst du mir Fliesen, besorg ich dir Kabarettkarten – ist die kalte Ware-Geld-Beziehung getreten. Selbst seine Miete zahlt heute, wer nur irgend kann. In der DDR hat sie nur bezahlt, wer auch wollte. Insofern herrschte einfach mehr Freiheit. Der größte Vermieter war ja der Staat, also DIE DA OBEN, und gegen die waren nicht nur Andersdenkende oder Wehrdienstverweigerer, sondern eben auch Nichtdenkende und Mietverweigerer.

Mein Freund der Alkoholiker wie auch der nüchterne Arbeitsbummelant verhalfen dem Primat der Menschenliebe vor der Ökonomie zum Durchbruch. Und wäre die

Wirtschaft nicht zusammengebrochen, die Liebe hätte ewig währen können.

In der DDR machten wir ernst mit dem Bibelsatz: Liebet eure Feinde. Ja, man kann sagen, niemand wurde mehr geliebt als der Klassenfeind, wenn er als Onkel, Tante, Cousin oder Freund über die Grenze brachte, was wir entbehrten – Erdbeeren im Winter, Kerzen zur Adventszeit oder die Bildzeitung zu jeder Jahreszeit. Es war so einfach, uns eine Freude zu machen und also unser Freund zu werden. Seit sich der Osten aufgelöst hat, ist hier überall Westen, aber es kommt kein Westbesuch mehr.

Dafür haben wir jetzt endlich, was uns die Kommunisten theoretisch zu vermitteln versuchten – den praktischen Klassenfeind. DIE DA DRÜBEN sind als Feindbild genauso praktisch, wie es einst DIE DA OBEN waren. Wir nennen einander zwar nicht mehr Klassenfeinde, behandeln einander aber endlich so.

Und dieser Wandel erfolgte ausschließlich durch Annäherung.

(1998)

Wann ist die Geschichte zu Ende?

Beim Kaiser waren es die herrlichen Zeiten, denen er sein Volk entgegenführen wollte. Und er hat diesen herrlichen Zeiten überhaupt keine Grenzen gesetzt. Was sollte auch nach seinem Gottesgnadentum noch kommen? Hitler war da schon bescheidener. Sein Reich, versprach er, sollte nur tausend Jahre währen. Als dann der Sozialismus bei uns im Osten Einzug hielt und uns auf der Stelle zu Siegern der Geschichte machte, waren wir dem Westen plötzlich um eine ganze Gesellschaftsordnung voraus. Vierzig Jahre lang zählten wir die Tage bis zur Ankunft im Paradies, das da Kommunismus heißen sollte. Wer hätte gedacht, dass danach noch etwas hätte kommen können?

Im Westen hingegen erreichte man in verhältnismäßig kurzer Zeit ein ganz anderes Ziel – das Konsumparadies, auch freie Marktwirtschaft genannt mit angeschlossener repräsentativer Demokratie. Beide Paradiese hatten sich ewige Feindschaft geschworen, und sie währte eine Ewigkeit von mehr als vierzig Jahren.

Nun, da der Osten auf dem Weg ins kommunistische Paradies versehentlich auch im kapitalistischen Konsumparadies gelandet ist – für manchen von uns war es eine Bruchlandung –, sind wir wieder mal da angekommen, wo wir uns schon mal wähnten – am Ende der Geschichte. Was soll jetzt noch kommen? Das Wort von der besten aller schlechten Gesellschaftsordnungen klingt zwar bescheidener, aber nicht weniger endgültig als alles, was uns vorher versprochen worden ist.

Gleich nach der Wende erschienen bei uns im Osten jene Demokratiefachleute, die uns alle alternativen Flausen ausredeten und zeigten, wo es jetzt endgültig langgeht. Unvergesslich ist mir ein Neuköllner SPD-Funktionär, der zu seinen Pankower Genossen geschickt worden war, um Wahlhilfe zu leisten. Entsetzt erzählte er mir, dass diese Ostberliner SPD-Genossen mitten im Wahlkampf versuchten, sich mit den Vertretern der anderen Parteien über Sachfragen zu verständigen. Sachfragen, wo es um die Macht ging! Als ich ihm sagte, dass mir die Sachfragen wichtiger erschienen als seine Machtfrage, erlebte ich zum ersten Mal dieses fassungslose Kopfschütteln, dass mich zumindest ahnen ließ, wie viel ich in dieser Demokratie noch zu lernen hätte.

Wie einst die christlichen Missionare über die wilden Stämme der Ungläubigen, schwärmten die westlichen Demokratiefachleute über Ostdeutschland aus und lehrten uns Eingeborene, dass es zu dem, was sie lehrten, gar keine Alternative geben könnte. Es sei denn, wir wollten zurück zu Einheitspartei und Diktatur. »Ihr wollt wohl eure alte DDR wiederhaben«, ist heute noch das alles beweisende Argument gegen jede östliche Kritik an westlichen Gewissheiten. Dass wir das nicht wollten, war in Wendezeiten vielleicht die einzige – uns Ostdeutsche einigende – Absicht. Alles, nur nicht noch mal das! Die logische Folge, dass wir alles übernehmen müssten, was sich im Westen vierzig Jahre lang bewährt hatte, erkannten wir damals noch nicht. Und viele meiner Landsleute meinten wohl in der Tat, sie bekämen die D-Mark geschenkt, und über alles andere dürften sie dann selbst entscheiden.

Unter Demokratie stellten sich viele von uns die freie Fahrt der freien Bürger in beiden Richtungen durch die Einbahnstraße vor. Inzwischen wissen auch die freien Bürger aus Finsterwalde und Templin, wo Flensburg liegt.

Nachdem der erste Gebrauchtwagenrausch verflogen war und die Südfrüchte ihren vom Seltenheitswert bestimmten Glanz verloren hatten, machten wir alle zusammen Bekanntschaft mit einer zum Besten aller schlechten Systeme gehörenden Bürokratie, die alles in den Schatten stellte, was die Diktatur an Bürokratie hervorgebracht hatte. Aber wo immer östlicher Zweifel am

155

Sinn eines westlichen Formulars geäußert wurde, kam der Hinweis, dass sich das in den vierzig Jahren bundesrepublikanischer Demokratie bewährt habe. Und wer da gar meinte, er könne an dem oder jenem Satz im Grundgesetz rütteln, der bewies damit ja nur, dass er noch nicht auf dem Boden dieses Grundgesetzes stand. Auch dieses Grundgesetz war schon deshalb so unantastbar, weil es sich vierzig Jahre bewährt hatte. Was sich nicht so bewährt hatte – das Asylrecht zum Beispiel –, das änderte man in Bonn ganz allein. Dafür brauchte man keine östliche Nachhilfe.

So, wie sich das Christentum ja auch über Jahrhunderte in Europa bewährt hatte, ehe es zum Beispiel ins schwarze Afrika exportiert worden war, so hatte sich die ganze Bundesrepublik bis in den letzten Paragrafen der Steuergesetzgebung über vierzig Jahre bewährt. Schließlich waren wir doch alle – irgendwie zumindest – Deutsche. Und was für einen Deutschen richtig ist, kann doch für den andern gar nicht falsch sein. Wir Ostdeutschen hatten zwar vierzig Jahre lang die falschen Erfahrungen gemacht. Aber nun stellten uns unsere Westbrüder und -schwestern ja ihre richtigen Erfahrungen zur freien Verfügung. Dafür kannten wir anfangs nur ein Gefühl – das der Dankbarkeit. Solange dieses Gefühl anhielt, gab es keinen Streit zwischen uns. Aber wie unzuverlässig Gefühle eben sind – die Dankbarkeit ließ nach, je mehr Erfahrungen wir nun selbst mit der Demokratie und dem dazugehörenden Kapitalismus machten. Vom Sozialismus hatten wir schon lange vorher gewusst, dass er keiner war. Vom Kapitalismus erfuhren wir bald, dass er wirklich einer ist, noch dazu einer wie aus dem Parteilehrbuch. Das führte

nicht nur dazu, dass mancher Altgenosse zu seinem führenden Lächeln und seiner kommunistischen Plattform
zurückfand, weil er schließlich alles vorher gewusst hatte.
Es führte auch zu vielen langen Gesichtern unter denen,
die nie etwas mit Parteilehrjahr und Sozialismus am
Hut hatten. Wer seine Arbeit verloren hatte, wusste nicht
immer die gewonnene Freiheit zu schätzen.

Die gewonnene Versammlungs- und Demonstrations-
freiheit brachte die Leute zwar hier und da noch auf die
Straße, um nun unter anderem für den Erhalt aller mög-
lichen und unmöglichen DDR-Überreste – vom Fern-
seh-Sandmännchen über den grünen Pfeil bis zur Poli-
klinik – zu demonstrieren. Aber die Erkenntnis, dass man
auch da, wo man für alles demonstrieren darf, durchaus nicht alles ändern kann, führte rasch wieder dorthin
zurück, woraus die DDR-Bürger kurzzeitig erwacht zu
sein schienen – zur Apathie. Gerade von denen, die da am
lautesten gerufen hatten: »Wir sind ein Volk!«, hörte man
jetzt immer häufiger das wunderbare Bekenntnis: »Ich
sage hier gar nichts mehr.«

Jene, die ihre alte Schwäche auch im neuen System
erkannt hatten, rächten und rächen sich nun oft genug
an den noch Schwächeren. Das Argument, dass die Ausländer in allen Ländern dieser Welt den Einheimischen
die Arbeit wegnehmen, fiel auch in Ostdeutschland auf
fruchtbaren Boden, bevor diese Ausländer überhaupt hier
waren. Denn vor den Ausländern waren die Neonazis mit
all ihren schlagenden Verbindungen im Osten eingezo-
gen, und ihre rot-braunen Parolen taten die Wirkung, die
den rein-roten DDR-Losungen weitgehend versagt geblieben waren. Wenn man auch nichts ändern kann, kann

man doch wenigstens wieder glauben! Und die stärkste aller deutschen Stärken, die Gruppenstärke, hilft am besten gegen neue und alte Ohnmachtsgefühle.

»Wenn es mal wieder anders kommt« – diesen Satz hatte ich als Kind in der DDR oft gehört, meist wurde er nur geflüstert. Aber er war sehr ernst gemeint und bedeutete: Irgendwann werden die Russen und die Kommunisten wieder verjagt werden, und dann wird alles anders. Was alles anders und wie anders es werden würde, konnte ich mir damals nicht vorstellen. Schon bald konnte man sich überhaupt nicht mehr vorstellen, dass es mal wieder anders kommen könnte. Spätestens in den siebziger Jahren war der Satz fast nur noch im Scherz zu hören. Genauso scherzhaft wird der Satz jetzt im Osten Deutschlands wieder zitiert. Denn was da anders kommen sollte, das wird heute wie damals nicht nur nicht ausgesprochen, es weiß ja auch keiner so recht. Ausgenommen die, die schon immer alles richtig wussten. Aber selbst die hartnäckigsten unter den Gläubigen glauben wohl nicht an die Wiederkehr einer DDR. Die Zahl derer, die sich so eine Wiederkehr wirklich wünschen, dürfte kaum größer sein als die, die da ein zweites Drittes Reich wiederhaben wollen.

So gefährlich sie sind, von solchen Extremen ist die Demokratie auch im Osten – zumindest im Moment – nicht wirklich bedroht. Die wirkliche Gefährdung geht von uns allen aus, von dem, was heute die neue Mitte genannt wird, neben der es nur noch ein Links- oder Rechtsextrem gibt.

Wenn diese Mitte durchsetzen sollte, dass alles so bleibt, wie es nun mal ist, weil man »ja doch nichts machen kann« oder »weil ja alles in Ordnung ist«, kurz, wenn wir allen Ernstes meinen, am Ende der Geschichte angelangt zu sein, die Verhältnisse entweder nicht für änderungsfähig oder gar für nicht änderungsbedürftig halten, dann könnte es zu einer Wende kommen, die sich von der letzten dadurch unterscheiden dürfte, dass sie ganz und gar nicht ohne Gewalt auskommt. Eine Zweidrittelgesellschaft mag überlebensfähig sein. Die Eindrittelgesellschaft werden sich die zwei Drittel, die dabei auf der Strecke bleiben, sicher nicht gefallen lassen. Um es sehr verkürzt zu sagen: Der Sozialismus ist daran gescheitert, dass er keiner war. Der Kapitalismus könnte daran scheitern, dass er wirklich einer ist.

(1999)

Was ich noch vergessen wollte

Nun muss er endlich mal gezogen werden, dieser Schlussstrich unter eine Vergangenheit, die auch dem Unschuldigsten – und unschuldig sind wie ja irgendwie alle – so peinlich ist. Nach mehr als zehn Jahren Demokratie sollte man diese vierzig Jahre Diktatur doch endlich mal vergessen dürfen! Mein Gott, so schön ist die Demokratie ja auch nicht. Und ob die Diktatur wirklich eine war, das ist heute schon gar nicht mehr so sicher. Ja, man fragt sich längst, ob diese Demokratie denn wirklich eine ist. Im Lichte der Schattenseiten von heute erscheint die Vergangenheit, so finster sie auch gewesen sein mag, schon längst wieder besonnt. Es war nicht alles schlecht – das sagten wir zwar nicht sofort, aber schon ziemlich bald nach jener Wende, in der wir uns am liebsten selbst weggeworfen hätten,

159

nur um nicht dabei gewesen zu sein, als Ulbricht und Honecker uns regierten. Und heute fragt der eine oder andere bereits: Was war denn eigentlich schlecht?

Der in der DDR propagierte Weg »Vom Ich zum Wir« scheint zumindest so weit gelungen, als wir auch heute noch lieber »wir« sagen als »ich«. Besonders wenn wir von einer eventuellen Mitschuld reden an einer Vergangenheit, die wir nicht mehr ändern, nicht mal so richtig vergessen können. Was wir alle getan haben oder eben nicht getan haben, kann gar nicht so schlimm sein, sonst hätten es ja nicht fast alle mitgemacht. Lieber eine sozialistische Kollektivschuld als die schnöde Verantwortung des Einzelnen. Auch eine Kollektivschuld kann Nestwärme produzieren.

Seit ich von Egon Krenz gehört habe, mit ihm sei die ganze DDR-Bevölkerung stellvertretend mitverurteilt worden, weiß ich, wie ein Märtyrer aussieht. Das ist einer, der jetzt für uns alle einsitzen muss, nachdem er vorher für uns alle hatte vorsitzen müssen, eben einer für alle. Keiner führt das Wort vom Rechtsstaat so oft im Munde wie die, die allen anderen einst den Mund verbieten durften, weil sie sich die führende Rolle ihrer Partei selbst in die Verfassung geschrieben hatten. Was damals in der Verfassung stand, kann heute doch kein Unrecht sein. Oder?

Schließlich standen in jener Verfassung auch Dinge, die uns – zumindest in der Erinnerung – allen zugute kamen. Da war zum Beispiel das Recht auf Arbeit, ein wunderbares Recht, denn es war nicht verbunden mit der Pflicht, auf dieser Arbeit auch zu arbeiten. Wer im Dienst war, gehörte zur arbeitenden, also herrschenden Klasse. In der Diktatur bestimmte die Sekretärin, wann diktiert wurde. Insofern war die DDR wirklich eine Diktatur der werktätigen, also Dienst habenden Klasse. Und weil jeder mal im Dienst war, konnte sich auch jeder mal rächen für die in der Freizeit erlittenen Demütigungen. Das schuf bei aller fehlenden Freiheit doch wenigstens ein Gefühl von Gleichheit und Brüderlichkeit. Je weiter diese DDR zurückliegt, desto schöner wird sie. Ihr geht es fast schon wie dem Kaiserreich – sie taucht ab ins Reich der guten alten Zeit oder der Friedenszeit, wie wir im hungernden Nachkriegsosten sagten. Damit war die Zeit gemeint, da es noch gute Butter gab und Bohnenkaffee, echte Seide und Wollstoffe, die nicht knitterten. Vorkriegsqualität oder Friedensware nannten wir das damals. Heute sind es die Brötchen für fünf und die Straßenbahnfahrt für zwanzig Pfennige, die billige Miete und das oben erwähnte Recht auf Arbeit. Dass wir damals alle mit fast allem unzufrieden waren, kann uns heute nicht hindern, noch viel unzufriedener zu sein. Unterm Kaiser war alles besser. Hitler hat die Autobahnen gebaut. Und es war nicht alles schlecht in der DDR. Was stimmt nun an diesen drei Sätzen, die zu unterschiedlichen Zeiten aus gar nicht so unterschiedlichen Gründen immer wiederholt wurden? Nicht von, sondern unter Hitler wurden die Autobahnen gebaut, auf denen wir im Osten teilweise noch bis zur Wende fuhren. Dass unterm Kaiser alles besser gewesen sein sollte, das ist so schön unwahrscheinlich, wie der Satz, es war nicht alles schlecht in der DDR, in so wunderbarer Verallgemeinerung unbestreitbar ist. Ich war in meinem Leben zweimal für längere Zeit in Äthiopien – immer zu Zeiten schwerster Hungersnöte, unvorstellbaren Elends.

Aber das Wetter war nicht schlecht.

Das deutsche Wetter ist uns zwar unter allen Systemen erhalten geblieben. Aber als ich Kind war, lag zu Weihnachten doch fast immer Schnee. Daran werden sich wohl die meisten von uns noch erinnern, und kein hundertjähriger Kalender kann uns die Erinnerung an diese allweihnachtlichen Schneeballschlachten rauben. Unsere Erinnerung ist die einzige Sicherheit, die wir haben, wenn wir von früher reden. Und die guten Erinnerungen lassen wir uns nicht rauben. Die bösen aber verfolgen uns bis in den Schlaf, also bis dorthin, wo wir uns nicht mehr wehren können.

Manchmal träume ich uralte Geschichten noch mal, unter die ich längst einen Schlussstrich gezogen zu haben glaubte. Auch auf das Vergessen ist eben beim Menschen kein Verlass. Kein Schlussstrich schützt den, der ihn gezogen hat, vor sich selbst und diesem ganz und gar unberechenbaren Gedächtnis, das keiner Gedenkstätte bedarf. Vor dem schlechten Gewissen sind auch die Besten unter uns nicht sicher, während das ganz und gar gute Gewissen wohl nur bei denen anzutreffen ist, die mit der Gnade des frühen Vergessens gesegnet sind. Ich weiß, dass ich nichts weiß oder wenigstens nichts wusste. Das heißt zumindest, dass ich weiß, was ich zu vergessen habe.

Da ich das schlechte Gewissen auch den Besten zugestanden habe, kann ich jetzt ruhig sagen: Ich habe kein gutes Gewissen. Schließlich habe ich fast sechzig Jahre gelebt, und wer danach so gar kein schlechtes Gewissen hat, der hat entweder nicht gelebt, oder er hat vergessen, dass er gelebt hat. »Ich bekenne, ich habe gelebt.« So hat Pablo Neruda – das zitiere ich gern – seine Erinnerungen überschrieben, und ich beginne gerade zu begreifen, dass das viel mehr als nur ein Buchtitel ist. Brecht hat dasselbe gesagt, nur eben deutscher: »Mögen andere von ihrer Schande reden, ich rede von der meinen.« Beide übrigens, Neruda wie Brecht, kommen bei sich selbst gar nicht so schlecht weg, wie man nach solchen Bekenntnissen vermuten sollte. Ich fürchte, mir wird es nicht anders gehen. Die folgenden Wahrheiten sind meine Wahrheiten, also nur halbe. Denn wer die ganze Wahrheit wüsste, der wäre kein Mensch, sondern ein höheres, allerdings auch nicht zu beneidendes Wesen.

Der Einzige, der einen wirklichen Schlussstrich ziehen könnte, das ist – jedenfalls für einen unverbesserlichen Atheisten wie mich – der Tod. Und selbst der zieht seinen Schlussstrich nicht unter die Vergangenheit, sondern vor eine Zukunft, mit der ich absolut nichts zu tun haben werde. Die Vergangenheit gibt es auch dann noch, wenn ich und mein schlechtes Gewissen längst nichts mehr voneinander wissen. Was aber aus einer Zukunft ohne mich wird, das kann ich guten Gewissens heute schon vergessen.

(2000)

Vom Gebrauchswert des Menschen

Im Zuge des allgemeinen Wertewandels hat sich auch der Wert des Menschen gewandelt. Der des Ostmenschen ganz besonders plötzlich. Nach vierzig Jahren Unentbehrlichkeit, die ihm durch Mauer und Stacheldraht immer wieder in Erinnerung gerufen worden war, kann er nun gehen, wohin er will. Das hat er im ersten Moment für Freiheit gehalten.

In der DDR war er zwar unterdrückt, stand aber als Mensch nicht nur im Mittelpunkt der fürsorglichen Beobachtung durch die Staatssicherheit. Auch als Arbeitskraft war jeder von uns unentbehrlich, egal ob er wirklich arbeitete oder die Arbeit der anderen von sicher bezahlter Position aus nur beobachtete.

Für die hochkomplizierten Produktionsprozesse des entwickelten Sozialismus wurden immer mehr Menschen gebraucht, die mit einem Maschinenpark aus dem neunzehnten Jahrhundert die wissenschaftlich-technische Revolution des zwanzigsten Jahrhunderts zu bewerkstelligen hatten. Anders gesagt, mit den Produktionsmitteln des Frühkapitalismus sollte im Osten der Kommunismus errichtet werden. Technischer Höchststand in mancher DDR-Werkhalle schien sogar noch aus den Zeiten des Urkommunismus zu stammen.

Wer damit zurechtkam, der hielt sich nicht nur für unentbehrlich, der war es auch. Kein westdeutscher Handwerker oder Ingenieur wäre je in der Lage gewesen, mit dem Material und dem Werkzeug, das uns in der DDR zur Verfügung stand, auch nur einen Tag irgendetwas Brauchbares herzustellen oder auch nur zu reparieren. Hätte die Geschichte anders entschieden, hätte die DDR-Wirtschaft überlebt und die Bundesrepublik deren Produktionsmittel übernehmen müssen, die ungelernten Werktätigen des Kapitalismus wären mit all ihrem Know-how an unseren sozialistischen Produktionsmitteln gescheitert. Sie säßen jetzt also auf der Straße statt vor den Computern, die ihnen alles Denken und Basteln abnehmen.

Kein Autoschlosser in der alten Bundesrepublik hätte die Kunststücke fertiggebracht, mit denen jeder Trabantfahrer in der DDR dieses Wunderauto auch nach dreißig Jahren noch am Laufen hielt. In der DDR stand nicht die Technik, in der DDR stand der Mensch im Mittelpunkt der Entwicklung. Mochten unsere Autos in der Welt verspottet werden, wie lange die Menschen damit fuhren, das nötigte aller Welt Respekt ab.

Trabantfahrer waren nicht nur die härtesten, sie waren auch die geschicktesten Fahrer. Sie hätten jeden Elchtest bestanden. Vermochten sie doch mit nichts als einem Bremskreis und ihrer Handbremse das ganze Auto vor jedem Abgrund immer wieder zum Stehen zu bringen. Hätten also nicht Mercedes und VW, sondern die DDR-Autoproduktion den Verdrängungswettkampf auf deutschen Straßen gewonnen, die Westautofahrer hätten allesamt ihre Fahrerlaubnis zurückgeben und eine ganz neue Fahrprüfung ablegen müssen.

Da es aber so gekommen ist, wie es nun mal gekommen ist, kommen viele in der DDR erworbenen Kenntnisse und Fähigkeiten überhaupt nicht mehr zur Geltung. Die wertvollere Technik des Westens machte aus vielen wertvollen DDR-Talenten nun stellungslose Heimwerker. Angesichts der unzähligen Baumärkte mit ihrem überwältigenden Angebot für jedermann ist auch zu Hause immer weniger Geschicklichkeit gefragt. Selbst IKEA-Möbel könnte jeder von uns ohne fremde Hilfe zusammensetzen, wären da nicht die beigelegten Aufbauanleitungen. Sie sind allesamt so verfasst, dass das improvisatorische Talent des DDR-Bastlers wenigstens hier noch gefragt ist. Schließlich lernte man bei uns, auch polnische Möbel nach mongolischen Bauanleitungen mühelos zusammenzusetzen.

Für mich, der ich handwerkliches Talent nie besessen habe, also zu den eher ungeeigneten DDR-Bürgern gehörte, hat sich jetzt vieles verbessert. Auf IKEA bin ich nicht angewiesen und muss auch nicht mehr auf eine mechanische Schreibmaschine einhämmern, um fünf einigermaßen lesbare Durchschläge zu haben. Mein Laptop … aber das hatten wir ja schon.

All die schöne Technik, die jetzt in meinem Arbeitszimmer steht und mir zwar nicht das Leben, aber doch immerhin die Arbeit erleichtert, stammt aus dem Westen, genauer gesagt aus Japan.

Für uns DDR-Bürger gehörte – wie schon gesagt – auch der ferne Osten zum Westen. Überall, wo wir nicht hindurften, und das war viel mehr als die halbe Welt, war Westen.

Wenn allerdings diese ganze schöne Technik einmal nicht funktioniert, und das tut sie trotz allen Fortschritts hier und da noch immer, dann bin ich verloren. Und dann kann es schon mal vorkommen, dass ich diesen ganzen technischen Fortschritt verfluche, weil ich mich so an ihn gewöhnt habe, dass ich gar nicht mehr darauf komme, im Notfall mal wieder mit der Hand zu schreiben. Und wenn ich es doch versuche, dann merke ich, wie schwer mir das fällt, was ich früher alle Tage ganz selbstverständlich getan habe.

Wenn in meinem Haus aber gar der Strom ausfällt, auch das passiert ja immer mal und natürlich fast immer im Winter und am Wochenende, dann sehne ich mich geradezu nach den spartanischen Zeiten von Kachelofen und Füllfederhalter zurück. Da man ja gar nicht wissen konnte, was einem ohne Gasheizung, Laptop, Fax und

Kopiergerät fehlte, fehlte es einem damals auch gar nicht. Heute kann man nur den Kopf darüber schütteln, was einem früher alles nicht gefehlt hat.

Umso schmerzlicher fällt Menschen im Osten auf, wie wenig sie jetzt dort fehlen, wo sie früher unentbehrlich schienen – an ihrem Arbeitsplatz. Man hätte früher mal einem Pförtner sagen sollen, der keinen durch das Werktor lassen musste, den er nicht mochte, dass man eines Tages auf ihn verzichten könnte! Welchem kommandierenden Oberkellner in unserer stets Arbeitskräfte suchenden Gastronomie wäre es eingefallen, dass man auf seine Befehlsgewalt einmal nicht angewiesen sein würde. Wie viele von uns, die 1989 auf die Straße gegangen waren, sind kurz danach auf diese Straße geflogen!

Nichts fehlt uns so sehr wie unsere Unentbehrlichkeit. Da kann die Bezahlung noch so schlecht gewesen sein, man galt doch was als Diensthabender. Heute gilt man nur noch als Geldhabender etwas.

Wer spricht heute noch von der schweren Arbeit unserer Braunkohlekumpel, Bauarbeiter und LPG-Bauern? Wer spricht überhaupt davon, dass auch heute noch manche Leute körperlich schwer arbeiten müssen, damit wir in unseren klimatisierten Büros, zentralbeheizten und verkabelten Wohnungen den ganzen Fortschritt genießen können?

Wer baute das siebentorige Debis-Center am Potsdamer Platz? Solche Fragen stellt man nicht heutzutage. Man fahndet allenfalls nach ausländischen Schwarzarbeitern, die sich auf unseren Arbeitsmarkt geschlichen haben und den deutschen Bauarbeiter um seine Arbeit bringen. Wenn man fragt, wer die ganzen schönen neuen Häuser,

Tunnel, Brücken und Ausstellungspavillons gebaut hat, erfährt man die Namen von allerlei Stararchitekten. Nicht einmal die gewaltigen ingenieurtechnischen Leistungen, die in Berlins neuem Zentrum Voraussetzung waren, um das umzusetzen, was sich Architekten so ausgedacht hatten, sind der besonderen öffentlichen Rede wert. Auch der Kurier oder BZ lesende Bauarbeiter, ohne dessen Arbeit der Bauingenieur auf seinen Computersimulationen sitzen geblieben wäre, scheint keine öffentlich wahrgenommene Rolle zu spielen.

In der DDR wurde jeder vermauerte Ziegelstein gefeiert. Und die ihn vermauerten, galten als Helden der Arbeit, auch wenn sie eher Helden der Flasche waren. In den fünfziger Jahren hing an unseren Litfaßsäulen ein Plakat, auf dem ein bei der Arbeit schwitzender Bergmann zu sehen war. Darunter stand: »Ich bin Bergmann – wer ist mehr?« Wir hatten den Spruch verballhornt: »Wer ist Bergmann? Ich bin mehr.« Damals war das komisch. Heute sagt sich jeder: Wozu mit der Hand arbeiten, wenn es zum Laiendarsteller in »Gute Zeiten, schlechte Zeiten« reicht? Oder zum Versicherungsvertreter?

Handarbeiter sind genauso wenig Helden wie andre Leute, und das, was in der DDR Arbeiterklasse genannt wurde, war auch damals nicht so besonders fortschrittlich. Aber es ging nicht ohne sie. Und es geht auch heute nicht ohne sie. Nur sagt man das heute nicht mehr.

Beim Militär fing der Mensch früher beim Unteroffizier an. Wo fängt er heute bei uns in der zivilen Gesellschaft an? Beim ausländischen Schwarzarbeiter – spätestens – hört er auf. Und Bauarbeiter, Klempner, Tischler, Elektriker? Sie treten nur als Sammelbegriff auf – als »das

Handwerk«. Aber auch damit ist ja kaum der schlecht-bezahlte Geselle gemeint, der für seinen Mindestlohn die Drecksarbeit macht. Wer hat sich um Zlatko geküm-mert, als er noch so etwas Nebensächliches wie gesell-schaftlich nützliche Arbeit getan hat? War er nicht mal Autoschlosser? Wer würde von Claudia Schiffer reden, wenn sie nur eine besonders tüchtige Krankenschwes-ter wäre oder Altenpflegerin? Vor allem aber – was würde sie verdienen, wenn sie zur Arbeit gehen müsste, statt ein Event mit ihrer hochbezahlten Anwesenheit zu schmü-cken? Was verdient ein Stararchitekt, und was verdienen die tausend Leute, die nach seinen Entwürfen die Häu-ser dann bauen? Bei aller Hochachtung für die Kreativität unserer Häuserentwerfer – in ihren Entwürfen kann man nicht wohnen. Sicher sollte man Genies besser bezahlen als gewöhnliche Sterbliche. Aber wie viele unserer Genies verstehen es einfach nur, sich genial zu vermarkten? Man-che dieser modernen Genies sind von Scharlatanen gar nicht zu unterscheiden.

Aber selbst um aus einem echten Geniestreich etwas zu machen, wovon nicht nur das Genie etwas hat, braucht man unendlich viele normal arbeitende Nicht-Genies. Etwa für diese geniale Expo-2000-Idee. Ist nun Frau Breuel regresspflichtig, wenn Pfusch gebaut wurde, wie das jeder kleine Handwerker ist, der ja nur ausführt, was sich teure Köpfe ausgedacht haben?

Welche Verantwortung trägt ein Zukunftsminister, der in seinem Amt eben diese Zukunft verschlafen hat? Denn mit der großen Verantwortung werden doch die hohen Gehälter von Frau Breuel oder Herrn Rüttgers begrün-det. Worin besteht diese Verantwortung in den Chefetagen? Wer hat die Holzmann-Pleite zu verantworten, und wer hat sie bezahlt? Vor dem Gesetz mögen wir alle gleich sein. Vor den Durchführungsbestimmungen sind wir das nicht. Sonst müsste ein Herr Rüttgers wenigstens die Fahrtkosten für die auf Greencard einreisenden indischen Computerfachleute bezahlen.

Was gilt der normal arbeitende Mensch überhaupt in der Gesellschaft, die immer weniger normale Arbeit zu verteilen hat? Muss nicht selbst unser Fastfood erst mal irgendwie angebaut, geerntet und zubereitet werden, bevor wir uns damit den Magen verderben können? Wie bezahlt McDonald's seine Hilfsarbeiter? Und wie reich kann man mit der Arbeit von »Ungelernten«, also Unterbezahlten, werden?

Als sich neulich in meinem Haus eine Gashavarie ereignete, hatte ich Gelegenheit, ganz gewöhnlichen Gasklempnern bei der Arbeit zuzusehen. Ich war verblüfft, wie viel handwerkliches Geschick und wie viel Kunstfertigkeit so ein einfacher Klempner braucht, nur um meine Gasleitungen so zu verlegen, dass sie nicht stören. Und wie viel Verantwortung trägt er dafür, dass sie dann auch dicht sind. Das ist eine Verantwortung, die ich nicht so gern einer Frau Breuel oder einem Herrn Rüttgers übertragen würde.

Wie wenig Handwerk ist heute nötig, um eine Vorabendserie fürs Fernsehen zu produzieren? Von Kunstfertigkeit oder Verantwortung gar nicht zu reden. Wenn man aber die Gagen von meinen Profi-Klempnern und solchen Fernseh-Laienspielern vergleicht, dann überkommen einen doch Zweifel an den Kriterien, die heute über den »Gebrauchswert« des Menschen im Informationszeitalter entscheiden.

Vielleicht braucht man wirklich hin und wieder mal eine einfache kleine Havarie, um den Wert von ganz einfacher Handarbeit zu erkennen.

Und was die Verantwortungsträger in unserer Gesellschaft betrifft, so kann ich für sie eigentlich nur wünschen, dass es ihnen wenigstens einmal so ergeht, wie es auch höheren Funktionären in der DDR ergehen konnte, wenn sie oben Pfusch gebaut hatten – sie wurden nach unten in die Produktion geschickt. Nicht, dass ich Frau Breuel oder Herrn Rüttgers meine Gasleitung anvertrauen würde, aber einfache Handreichungen – etwa bei Gartenarbeiten – traue ich ihnen schon zu.

(2000)

Wem gehört die vierte Macht im Staat?

Die Stasi war eine geheime Informationsgesellschaft mit beschränkter Haftung. Alles Wissen dieser Staatssicherheit diente allein der Machterhaltung der Parteiführung. Zum Schluss sammelte sie ihre Informationen allerdings für eine Parteiführung, die davon gar nichts mehr wissen wollte. Denn die geheimdienstlichen Nachrichten aus der DDR-Wirklichkeit widersprachen in fast allen Punkten dem Bild, das sich diese Parteiführung von ihrer DDR gemacht hatte und das sie selbst über alle ihre Medien verbreiten ließ. Erich Honecker, der übrigens auch ganz persönlich über die Reinhaltung der DDR-Medien gewacht hat, soll gesagt haben, er habe bei manchen Stasi-Informationen gedacht, sie kämen direkt vom Klassenfeind. »Der Klassenfeind schläft nicht!« Das war nicht nur eine der unzähligen Losungen in der DDR. Das war etwas, woran zumindest die führenden Genossen wirklich zu glauben schienen. Und dabei hatte ebendieser Klassenfeind mit all seinen Geheimdiensten offensichtlich tief und fest geschlafen. Sonst hätte ihn der Zusammenbruch des ganzen Sozialismus wohl kaum so kalt erwischen können. Noch heute scheint der BND nicht ganz damit fertig geworden zu sein, dass sich sein zuverlässigster Feind einfach aus dem Staub gemacht hat, ohne vorher Bescheid zu sagen.

Nun finde ich einen schlafenden Geheimdienst auf jeden Fall weniger störend als die »stets zuverlässige Wachsamkeit der staatlichen Sicherheitsorgane der DDR«. Dass auch ein schlafender Verfassungsschutz oder Nachrichtendienst vom Steuerzahler bezahlt werden muss, ist insofern nur halb so schlimm, weil er diesen Steuerzahler im Übrigen wenigstens in Ruhe lässt. Was die zuverlässige Wachsamkeit der Mielke-Truppen am Ende genutzt hat, das wissen wir inzwischen ja auch. Eine Kosten-Nutzen-Rechnung bei Geheimdiensten aufmachen zu wollen, das würde bedeuten, den Wert des Geldes an der Geschwindigkeit zu messen, mit der man es aus dem Fenster wirft.

Trotzdem behaupte ich: Glücklich das Land, in dem der Geheimdienst schläft und die Bürger wach sind, obwohl oder gerade weil sie ruhig schlafen können. Um die Bürger notfalls zu wecken, dafür gibt es in unserer – wie wir immer mal wieder erfahren – gar nicht so ganz gefestigten Demokratie unter anderem jene vierte Macht im Staate: die Medien. Sie passen auf, dass nichts ohne ihr Wissen passiert. Wie einst der selige Mielke. Nur eben suchen sie mit ihrem Wissen das, was jeder Geheimdienst scheut – die Öffentlichkeit. Aber wie auch dem wachsamsten unter den Geheimdiensten, so entgeht auch den aufmerksamsten Medien die eine oder andere Sache von Belang.

Und mit dem, was die Medien nicht oder viel zu spät herausbekommen, kann man, wie wir spätestens seit Kohl, Kanther und Co. wissen, viele Jahre Politik machen. Denn etwas, wovon nicht berichtet wird, das ist in unserer Mediengesellschaft auch nicht geschehen. Da kann passieren, was will. Ja, ich bin mir nicht einmal sicher, ob Spiegel, Focus, Panorama oder Monitor seinerzeit von Jesu Geburt etwas mitbekommen hätten. Die Sensationen unserer Informationsgesellschaft sind von anderer Natur. Die Größe der Schlagzeilen – ich spreche jetzt nicht von denen in der Boulevardpresse – steht oft im diametralen Gegensatz zu ihrer Bedeutung für Mensch und Gesellschaft. Das liegt unter anderem daran, dass Journalisten – auch wenn oder gerade weil sie das manchmal vergessen – viel weniger durchschauen, als sie uns wissen lassen oder von sich selbst wissen.

»Ich weiß, dass ich nichts weiß«, das durfte ein Weiser von sich sagen, als noch nicht die Gefahr bestand, dass dieses Eingeständnis via Internet in Sekunden um die Welt gehen könnte. Ein Journalist, der heute so etwas zugäbe, müsste mit einem erheblichen Sinken seines Marktwertes rechnen. Journalisten sind natürlich, auch wenn sie das nicht immer wissen, alles andere als weise. Selbst wenn der eine oder andere die Anlage zur Weisheit hätte, er könnte sie nicht nutzen. Bei der erwarteten Geschwindigkeit der Verbreitung jedes Gedankens wie jeder Gedankenlosigkeit müssen die Nachrichten in die

Welt gesetzt werden, noch bevor jemand darüber nachdenken könnte, was er da in die Welt setzt. Geschwindigkeit ist keine Hexerei mehr, sie ist das A und O einer
Informationsgesellschaft, die es den Menschen ermöglicht, einander immer schneller mitzuteilen, dass sie nicht
klüger geworden sind.

All jene, die uns diese stets gleichen Mitteilungen
möglichst unterhaltsam und abwechslungsreich via Bild-
schirm, Radio oder Druckerzeugnis zu übermitteln haben,
müssen wohl zwangsläufig irgendwann zynisch werden
oder verzweifeln. Ähnliches habe ich von den DDR-Jour-
nalisten behauptet, die in den staatlichen Medien der
DDR die von der Partei zugelassenen Nachrichten zu verbreiten und sich jeder abweichenden Meinung zu enthal-
ten hatten. Die damals geforderte Erfolgsberichterstat-
tung unterscheidet sich von der heute üblichen Katast-
rophenberichterstattung dadurch, dass uns die Erfolge
damals nur gelangweilt haben, während uns die Katast-
rophen von heute wenigstens hier und da noch erschrecken, also unterhalten.

Für die DDR-Medien war es eine Meldung wert, dass
die Reichsbahn zum Beispiel ihre Reisenden immer sicherer und pünktlicher zum Ziel brachte. Und alle wussten,
dass das nicht stimmte. Wenn heute die Bundesbahn
Schlagzeilen macht, dann nur mit Zugunglücken.

Wen von uns interessiert heute noch ein pünktlich
und sicher ins Ziel fahrender ICE, es sei denn, wir sitzen
selbst gerade in so einem Zug? Von den sozialistischen
Erfolgsmeldungen wussten wir, dass sie falsch waren. Die
Katastrophenmeldungen von heute sind ja nicht direkt
falsch. Nur ein richtiges Bild von der Wirklichkeit geben

sie eben auch nicht. Die heutigen Bilder müssen vor allem aufregend sein, sonst guckt kein Schwein hin.

Das liegt natürlich nicht an den Journalisten, die uns manipulieren. Gewiss, sie wählen aus, was sie für eine mitteilenswerte Nachricht halten und was nicht. Aber die wichtigste Meldung nützt ihnen gar nichts, wenn wir Leser, Radiohörer oder Fernsehzuschauer uns nicht dafür interessieren. Denn dann sinken ja irgendwann Einschaltquoten oder Auflagenhöhen. Also muss uns die Sache schmackhaft gemacht werden. Ein Berliner Radiosender wirbt mit dem Slogan: »Wir machen Nachrichten erst interessant!« Etwas ordinär gesagt, heißt das: »Wir machen aus Scheiße Bonbons!« Infotainment heißt das Zauberwort.

So erreicht man, dass auch ein Oder-Hochwasser die Einschaltquote von »Wetten, dass ... « bekommt, und die Berichterstattung über einen Parteispendenskandal nicht zu unterscheiden ist von »Aktenzeichen XY ... ungelöst«. Da gehen dann die verwegensten, aber gerade deshalb so unterhaltsamen Vermutungen stundenweise als Nachrichten über alle Kanäle. Wenn sich dann so eine Vermutung als Ente herausgestellt hat, dann ist das ja noch mal eine unterhaltsame Meldung, die gesendet werden will. Man könnte meinen, alle unsere Medien, seien sie nun öffentlich-rechtlich oder privat, haben nur einen Auftrag: unser Unterhaltungsbedürfnis zu stillen. Wo der Unterhaltungswert einer Nachricht wichtiger ist als ihr Informationsgehalt, da wird schließlich auch noch die heitere Kriegsberichterstattung zur Unterhaltungssendung. Aus den Tatortkrimis »Golfkrieg« oder »Luftkrieg über Serbien«, um nur die unterhaltsamsten Kriegs-Events der letzten Fernsehjahre zu nennen, habe ich gelernt, dass der Kampf für eine gute Sache vor allem gut aussehen muss. In der DDR wurde noch zwischen gerechten und ungerechten Kriegen unterschieden. Jetzt unterscheiden wir, wenn wir überhaupt noch etwas unterscheiden können, zwischen schönen und unschönen Kriegen. Aus dem unschönen Kosovo-Krieg zwischen Serben und Albanern hat die Nato jenen schönen »Luftkampf über Belgrad« gemacht. Und wenn das im Kongo so weitergeht mit den nicht sendefähigen, weil viel zu naturalistischen Bürgerkriegsschlächtereien, dann wird wohl die Nato mit allen angeschlossenen Fernsehanstalten der westlichen Welt auch von dort ein schönes, sauberes Luftlandemanöver senden müssen.

Täuscht mich mein Eindruck, oder erfahre ich aus diesem ganzen pluralistischen Mediensalat genauso viel oder wenig wie einst aus der Einheitssuppe von Parteipresse, -rundfunk und -fernsehen? Jedenfalls war der Unterschied zwischen Wahrheit und Unwahrheit in den einst gleichgeschalteten Medien des real-lügenden Sozialismus überschaubarer. Und die recht zuverlässige gute alte Tante Tagesschau hatten wir ja damals auch schon und fühlten uns also durchaus informiert. Honecker hat übrigens mal erklärt, die DDR-Bürger gehörten zu den am besten informierten Leuten auf der Welt. Darüber haben wir damals sehr gelacht. Denn wir wussten ja – und Honecker muss das auch gewusst haben –, woher wir unsere Informationen bezogen.

Bei der allabendlichen Besichtigung des öffentlich-rechtlichen Fernsehens fühle ich mich heute immer mehr an die Anfänge des Privatfernsehens erinnert. Wann Eva

Herman die Spätausgabe der Tagesschau-Nachrichten wenigstens oben ohne verlesen wird, scheint nur noch eine Frage der Zeit zu sein. Und wenn man erst feststellt, dass das die Einschaltquote hebt, dann wird der Wetterbericht künftig auch von den Wildecker Herzbuben gesungen. Dass uns dieser Wetterbericht inzwischen von einer Bank oder einem Bier- oder Stromhersteller präsentiert wird, daran haben wir uns alle schon gewöhnt. Dass der Wetterbericht dadurch nicht zuverlässiger und das Wetter nicht schöner geworden ist, stört auch keinen.

Lange Zeit hatte ich geglaubt, zumindest bei den öffentlich-rechtlichen Sendern müsste es eine geschmackliche und intellektuelle Grenze nach unten geben. Für Verona Feldbusch, Karl Dall oder Lilo Wanders zahlen wir ja wenigstens keine Gebühren. ARD und ZDF bezahlen wir aber dafür, dass auch sie uns zeigen, für wie blöde sie uns halten. Und das Schlimme ist, wir geben ihnen per Einschaltquote alle Tage recht. Die tröstliche Annahme, das Fernsehen habe uns erst so dumm gemacht, wie wir heute sind, teile ich nicht. Vielmehr scheint mir, das Fernsehen erfüllt seinen Auftrag auf der Jagd nach der Quote, indem es uns einfach da packt, wo wirklich Verlass auf uns ist – bei unserer Dummheit und den ebenso zuverlässigen niederen Instinkten.

Ich selbst habe erst neulich bei einer dieser ganz und gar dämlichen Fernsehsendungen mitgewirkt. Das war eine der zahllosen Talkshows, bei denen zusammenquatscht, was sich nicht zuhört. Als mich meine Begleiterin fragte, warum ich so etwas denn mitmachte, wusste ich zwar keine Antwort, aber geschämt habe ich mich trotzdem nicht. Man redet halt so mit. Und merkt gar nicht, wie leicht man sich an alles gewöhnt. Irgendwann macht man dann auch mit, woran man sich gewöhnt hat. Als gewesener DDR-Bürger weiß ich inzwischen, woran ich mich früher so alles gewöhnt und was ich schließlich mitgemacht hatte, manchmal ohne zu merken, dass ich schon mitmachte.

Wie kommt es, dass so viele intelligente, gute Fernsehleute, Radio- und Zeitungsmacher – denn die gibt es ohne allen Zweifel – letztendlich so viel Mist produzieren? Auch unter den Journalisten der Boulevardpresse sind ja nicht so viel mehr Idioten als bei Zeit und Spiegel. Sie alle tun nur einfach das, was von ihnen verlangt wird. Und verlangt wird von ihnen, was Einschaltquote und Auflagenhöhe bringt. Auch einflussreiche Chefredakteure – und welcher Chefredakteur hielte sich nicht für einflussreich? – werden gefeuert, wenn sie statt der erwarteten Quantität nur ganz und gar unwichtig gewordene Qualität liefern, die sich einfach nicht bezahlt macht. Ihre politische Ausrichtung ist dabei nicht so wichtig wie ihr wirtschaftlicher Erfolg. In real-sozialistischen Diktaturzeiten galt: Lieber zehn ökonomische Fehler machen als einen politischen. Unter anderem daran ist diese Diktatur gescheitert. Heute regiert der Markt, und der Zeitgeist marschiert im Tanzschritt hinterher. Vom Zeitgeist spricht man übrigens vorwiegend in Zeiten der Abwesenheit von Geist. In solchen Zeiten leben wir also.

Ein modernes Nachrichtenmagazin ist heute eines, das seinen Abonnenten so mit Fakten, Fakten, Fakten zuschüttet, dass er meint, über alles informiert zu sein, ohne irgendwas verstehen zu müssen. Es gibt Fakten, die für sich sprechen, ohne deshalb auch nur die halbe Wahrheit zu sagen. Viele Häppchen sind noch keine Mahlzeit, auch wenn sie einen satt machen. Und Information ist keine Bildung, die helfen könnte, Informationen auch zu verarbeiten. Ich bin mir völlig klar darüber, dass solche Gedanken so unmodern sind, dass es Jahre brauchen wird, bis sie eines Tages ganz neu wiederentdeckt werden. Nachdem ich in meiner Jugend überall gesagt bekam, die Welt sei erklärbar, ohne dass sie mir einer hätte erklären können, versucht man mich heute mit allen technischen Mitteln darüber zu informieren, dass diese Welt weder erklärungs- noch veränderungsbedürftig sei. Kraft durch Freude am Spaß reicht aus. Das Leben ist ein Event!

Bei Brecht hab ich noch gelesen: »So, wie es ist, bleibt es nicht.« Und: »Wenn die Herrschenden gesprochen haben, werden die Beherrschten sprechen.« Heute hoffe ich nur, dass es nicht noch schlimmer wird. Denn ich höre so viele der Beherrschten mit großem Selbstbewusstsein und noch größerer Selbstverständlichkeit die Sprache der Herrschenden sprechen und sie für die eigene halten. Die Macht der Medien liegt nicht in der Hand ihrer Macher, sondern in der Hand ihrer Besitzer. Und wären diese Besitzer nicht Konkurrenten, man wüsste nicht mal ihre Namen. Denn sie scheuen gewöhnlich genau die Öffentlichkeit, die sie beeinflussen.

Die Macht der Medien ist real, die Macht der Journalisten ist allenfalls eingebildet. Dass sie wenigstens Kritik üben dürfen an den Dingen, die sie nicht beeinflussen können, gibt ihnen das Selbstwertgefühl, das die Journalisten in der DDR nicht hatten. Und wenn Journalisten mal einen Mächtigen gestürzt zu haben glauben, müssen sie sich doch eingestehen, dass der Mächtige vorher über sich selbst gestürzt war – siehe Kohl anno 1999. Bei allem Triumph über den Sturz des schwarzen Riesen – der Riese Kirch ist im Dorf geblieben.

Journalisten halten sich selbst gern für wichtig, weil sie über Leute berichten, die sich für wichtig halten, weil Journalisten über sie berichten. So geht das Spiel, an dem ich hier und da selbst manchmal teilnehme mit der einen oder anderen Kolumne. Dass die eine oder andere dieser Kolumnen auch mal nicht gedruckt oder gesendet wird, liegt daran, dass der eine oder andere Redakteur die eine oder andere Rücksicht nehmen muss. Dass es sich dabei natürlich nicht um Zensur handelt, versichert mir jeder Redakteur. In der DDR wollte ich nicht Journalist werden wegen der erwähnten Parteizensur. Als ich in die Bundesrepublik kam, beziehungsweise sie zu mir, war ich zu alt, noch mal von vorn zu beginnen. Ich blieb also beim Kabarett. Auch Spaßmacher können sich ernst nehmen. Ich jedenfalls gebe offen zu: Ich meine fast jede Pointe ernst. Überschätzen kann man sich in vielen Berufen. Und kaum jemand wurde in der DDR so überschätzt wie wir vom Kabarett, ohne dass wir damals mehr ausgerichtet hätten als heute. Aber auch wenn man erkannt hat, wie wenig man eigentlich bewirkt, kann Kritik als »schöne Kunst« noch Spaß machen. Journalisten sind selten dabei, wenn sie gelesen werden. Im Kabarett erfährt man ganz direkt, ob man den Leuten wenigstens gefallen hat. Und gefallen wollen doch gerade wir Kritischen.

Bei Brecht steht ein Satz, den ich früher einmal ganz logisch fand, obwohl sich längst herausstellte, dass er das nicht ist: »Wer seine Lage erkannt hat, wie sollte der aufzuhalten sein?« Heute finde ich es eher erstaunlich, dass so viele, obwohl sie ihre Lage längst erkannt haben, nicht verzweifeln. Ich hoffe wenigstens, noch ein Weilchen dazuzugehören. Verzweifeln kann ich ohne jeden Beistand. Zum Lachen muss mich erst mal einer bringen. Und ein guter Zeitungsartikel, eine kluge Fernsehsendung können mich auch heute noch wenn schon nicht zum Lachen bringen, so doch wenigstens trösten mit der Gewissheit, dass es das trotz allem hier und da noch gibt.

Wenn früher in der DDR einer zu mir sagte, in diesem Land würde sich ja doch niemals etwas ändern, dann antwortete ich manchmal mit Brecht: »Wer noch lebt, sage nicht niemals.« Dieser Satz stammt übrigens – wie alle in diesem Kapitel vereinten Brecht-Zitate – aus seinem Lob der Dialektik. Und wenn mir heute das Gleiche gesagt wird wie damals in der DDR, kann ich nur sagen: Das haben wir schon mal gesagt. Und meine Mutter hat oft – weniger poetisch, aber umso entschiedener – gesagt: Sage nie nie. Und sie hat mehrmals recht behalten. Schließlich hat sie das Kaiserreich, die Weimarer Republik, die Nazi-Zeit, die DDR und am Ende auch die Bundesrepublik erlebt. Und es könnte doch sein, dass es danach auch noch etwas geben könnte? Also lasst uns nie nie sagen oder schreiben. Denn – das hat meine Mutter auch gesagt – man kann ja nie wissen.

(2000)

Politik auf dem Laufsteg

Die Selbstdarstellung der senilen Partei- und Staatsführung der DDR war immer lächerlich, zum Schluss nur noch makaber. Kaiser Honecker war längst nackt, aber er verließ die Tribüne nicht. Der ganze ihn umgebende Hofstaat trug seines Kaisers neue Kleider bis ins höchste Alter und schämte sich nicht. Die Greise stünden wohl noch heute nackt und frierend, aber regierend da oben, hätte das Volk, der große Lümmel, nicht doch endlich das Maul aufgemacht und gerufen, was alle schon lange wussten, vorher aber nicht zu sagen gewagt hatten: »Die haben ja gar nichts an!« In der volksdemokratischen DDR-Fassung hieß der letzte Satz des schönen Märchens: »Wir sind das Volk.«

Doch weil wir nicht gestorben sind, ging das Märchen nach diesem Happyend leider noch weiter. Die Tribünen waren leer, und das Volk irrte nun befreit, aber auch fassungslos durch die Straßen. Ein Volk ohne Führung! Dass eine Führung wenigstens zeitweise auch ohne Volk regieren kann, das hatten wir ja alle erlebt. Nun sollte das Volk aber plötzlich selbst bestimmen, wo es langzugehen hatte. Dass das nicht gut gehen konnte, ahnten zuerst nur wenige. Aber das Volk ist eben nicht gleich ein Volk, auch wenn viel Volk so etwas ruft. Bald stellte sich heraus, dass diese kleine DDR ein wahrer Vielvölkerstaat war. Und jedes der vielen Einzelvölker wollte plötzlich in eine andere Richtung marschieren. Zu DDR-Zeiten hieß eine Losung: »Unser Weg ist richtig!« Das behauptete jetzt nicht nur eine Partei, sondern alle. Nur stellten sich die vielen verschiedenen richtigen Wege allesamt und in kürzester Zeit als Holzwege heraus. So gerieten wir denn rasch von einer Sackgasse in die andere, bis wir endlich wenigstens eine gemeinsame Einbahnstraße fanden.

Diese Einbahnstraße führte – das haben Einbahnstraßen so an sich – nur in eine Richtung, und diese Richtung hieß: Westen. Da lag es, das gelobte Land, und keine Grenzbefestigung hielt uns mehr auf. Unser Ansturm aber löste in diesem Westen großen Schrecken aus. Gewiss, von Zeit zu Zeit sah man uns gern, das wussten wir von früheren kurzen Westreisen in dringenden Familienangelegenheiten. Aber damit war doch nicht gemeint, dass man uns alle und für immer so gerne sah. Schließlich lebte im Westen ja auch schon ein Volk, das uns so sehr, wie wir vermuteten, gar nicht vermisst hatte. Und direkt vorbereitet war man auf uns ja auch nicht, als wir nun mit Sack und Anorak vor der Haustür standen. Ganze Völkerstämme aus dem Osten verursachten überall große Staus auf den sowieso schon viel befahrenen Straßen und vor den vielen schönen Kaufhäusern des Westens. Mit einem großzügigen Begrüßungsgeld von ganzen hundert Devisen-Mark vermittelte man uns zunächst zwar den Eindruck, willkommen zu sein. Aber die hundert Mark waren schnell ausgegeben. Nun standen wir da und mussten feststellen, dass es auf den viel schöneren Straßen und Plätzen des Westens genauso kalt war wie zu Hause. Da aber hatten wir wenigstens eine warme Wohnung. Und keiner rümpfte die Nase über die großen dunklen Abgaswolken, die von Trabant und Wartburg ausgingen.

Also fuhren die meisten von uns auf der Einbahnstraße in entgegengesetzter Richtung zurück, und riefen aus sicherer Entfernung: »Kommt die D-Mark nicht zu

uns, dann kommen wir zu ihr!« Denn bei aller persönlichen Enttäuschung über die ungastlichen Westvölker,
die Haus und Hof nicht mit uns teilen wollten, wenigstens ihre Währung sollten sie mit uns teilen! Schnell hatten wir auch erkannt, wer da am besten mit Geld umgehen konnte: Helmut Kohl. Das wussten wir, lange bevor
bekannt wurde, wie und wo er alles Geld zu beschaf-
fen und zu verteilen verstand. Also wählten wir ihn vor-
sichtshalber schon mit überwältigender Mehrheit, bevor
er überhaupt bei uns kandidierte.

Die ersten freien Wahlen fanden zwar noch im Osten
statt, aber der Geist des freien Westens wehte schon bis
in die letzte vorpommersche Wahlversammlung. Es boten
sich Parteien an, von denen man vorher nichts und danach
nie wieder etwas gehört hat. Unser tristes Ländchen
wurde überschwemmt mit jenen bunten Fähnchen, deren
man sich nicht mehr zu schämen brauchte, da sie jetzt ja
nicht mehr Wink-Elemente hießen wie in der Diktatur.
Auf bunten Hochglanzplakaten warben nun – uns weitgehend noch unbekannte – Kandidaten um unsere Stimmen, und wir gaben sie denen, hinter denen wir Kohl und
seine Kohle vermuteten. Darunter auch solchen, die einst
der »Nationalen Front des demokratischen Deutschland«
angehört oder sogar im heimlichen Dienste der Staatssicherheit gestanden hatten. Es war nicht nur eine freie, es
war auch eine lustige Wahl – noch nicht so richtig in der
Bundesrepublik, aber schon mit ihrem Know-how. Es war
fast wie im Intershop – selbst in den chemischen Werken
Bitterfeld roch es ein bisschen nach West-Kaffee. Auch die
Parteienwerbung unterschied sich nur noch ganz wenig
von der, die wir von Tchibo schon kannten. Statt für Frie-

184

den und Sozialismus durften wir uns nun für Freiheit statt Sozialismus entscheiden. Und da, wo früher auf den »Straßen der Besten« unsere Bestarbeiter schwarzweiß in die graue Gegenwart geblickt hatten, hingen nun die bunten Kandidaten der besseren Zukunft und versprachen uns alles, was wir hören wollten: D-Mark, Mallorca, Beate Uhse, Freiheit, Büchsenbier und die sichere Rente.

Damit wir auch nichts falsch machten bei der Wahl, stellten sich alle uns aus dem Fernsehen bekannten Parteiführer der Westparteien mit den unbekannten Kandidaten der Ostparteien nebeneinander auf eine Tribüne. So kam denn Helmut Kohl neben Wolfgang Schnur und Willy Brandt neben Ibrahim Böhme zu stehen. Wir jubelten ihnen zu, und keiner schien auch nur zu ahnen, dass über allem noch Erich Mielkes überparteiliches Auge wachte. Der saß zwar schon im Gefängnis, aber seine »Kämpfer von der unsichtbaren Front« waren noch auf ihren Posten.

Mit den Ergebnissen der ersten freien Wahlen im Osten zeigte sich der Westen weitgehend einverstanden, mal abgesehen von jenem Saarländer, der als Landsmann von Honecker im Osten gar keine Chance haben konnte. Außerdem hatte er im Wahlkampf etwas getan, was eines demokratischen Politikers unwürdig ist – er hatte den Ostwählern nicht nach dem Maule geredet und den Westwählern vorgerechnet, wie teuer wir sie noch zu stehen kommen würden. Seine Argumente waren zwar nicht ganz falsch. Aber Argumente sind im Wahlkampf nun mal grundsätzlich fehl am Platz. Da geht es den Parteien wie den Waschmitteln – je ähnlicher sie einander sind, desto mehr kommt es auf Marketing und Verpackung an.

Das lernten peu à peu sogar die schüchternen kleinen Politikneulinge aus Magdeburg und Großräschen. Sie wurden nun von ihren erwachsenen Westkollegen an die Hand genommen, zum richtigen Friseur und Krawattenhändler geführt und brauchten nur alles nachzumachen, was ihnen so hilfreich vorgemacht wurde. So lernten auch Menschen aus Sachsen und Sachsen-Anhalt das fehlerfreie Essen von Krustentieren und die beinahe richtige Aussprache ausländischer Politikernamen.

Das entscheidende selbstbewusste Auftreten eines Demokraten in der Öffentlichkeit aber lernten längst nicht alle. Manche weigerten sich sogar, aus dem Anorak ins Seidenhemd zu schlüpfen oder sich den einst so oppositionellen Bart abnehmen zu lassen. Der eine oder andere hielt das für Charakterstärke. Auch die Kunst der freien Rede, die in der Politik im fließenden Nichtssagen besteht, bereitete den meisten Schwierigkeiten. So kam es denn, dass manche Lichtgestalt auch ohne allen Stasi-Verdacht schnell wieder im dunklen Ostalltag verschwand. Ein Mann wie Günter Krause allerdings brachte es so weit, dass man ihn kaum noch von einem Möllemann unterscheiden konnte. Seine Skandaltauglichkeit übertraf bald die mancher gestandener Altdemokraten. Er widerlegte gründlich das Vorurteil vom moralischen Standortvorteil der Ostdeutschen. Sich mit Aluchips bestechen zu lassen, das zeugte höchstens von eher peinlicher Anspruchslosigkeit. Mit dem richtigen Geld in der Hand, zeigte auch ein Ost-Krause, dass er das Zeug zum West-Krupp hatte.

Der eher scheuen Angela Merkel hingegen geriet das, was ihr so lange als Makel angehangen hatte, plötzlich sogar zum Vorteil – ihre Unschuld vom Lande Meck-

lenburg-Vorpommern. So wie vor ihr nur Norbert Blüm
bestach sie durch eine für Politiker gänzlich unangemes-
sene Aufrichtigkeit und Schlichtheit. Gerade damit wurde
sie für die große schwarze Männer-CDU so etwas wie die
Jeanne d'Arc von Templin, der gute Mensch von Meck-
lenburg. Als alles schwarze Geld verloren war, rettete sie
wenigstens so was wie die Moral der Truppe. Dem Kabarett ging sie dadurch – zumindest vorübergehend – verloren. Wir mussten uns eingestehen, sie unterschätzt zu
haben. Wie lange das so bleibt, haben nicht wir zu entscheiden. So was wie ein deutsches Fräuleinwunder in
der Politik war die Merkel eigentlich immer. Wie sorg-
los, geradezu sträflich leichtsinnig sie mit für demokratische Politiker so entscheidenden Faktoren wie Frisur
und Kleidung umgeht, das ist und bleibt verblüffend.
Ihr ungeschminktes Landmädchengesicht lädt geradezu
ein, ihr weniger zuzutrauen als der gestylten Männerwelt
ringsherum. Mein Gott, was der Scharping alles angestellt
hat, um aus seinem Gesicht eins zu machen! Selbst Kohl
hatte Frisur und Brillengestell mehrmals gewechselt, nur
um dem Wähler immer wieder wie neu zu erscheinen.

Alle Parteien beschäftigen inzwischen große Werbe-
agenturen, um sich ein neues Gesicht machen zu lassen,
weil man mit Programmen keine Wahl mehr gewinnt.
Leute wie Struck greifen schon zur Pfeife, damit man in
ihrem Gesicht etwas Bemerkenswertes findet. Joschka
Fischer hat sich seinen ganzen grünen Babyspeck abge-
hungert und lebt gesund, nur um endlich älter auszuse-
hen. Allein die Merkel sieht aus, wie sie aussieht. Neulich
habe ich von ihr geträumt und hatte dabei ein furchtbar
schlechtes Gewissen. Im Traum hatte ich mir eingebil-

det, ich wäre es, der ihr die Haare schneidet. Das ist die gerechte Strafe dafür, dass ich mich früher so oft über sie lustig gemacht habe.

Sie ist – zumindest vom Äußeren her – die wirkliche Ausnahmeerscheinung in der deutschen Politik. Sollte sie einmal Bundeskanzlerin werden, ohne sich vorher von einem künstlichen Haarteil korrumpieren zu lassen, dann werde ich meinen Glauben an den christlichen Wähler endlich wieder zurückgewinnen. Sollte sie aber von solchen Bodybilderbuchmännern wie Volker Rühe oder dem Eloquenzchen Friedrich Merz von der Spitze verdrängt werden, dann weiß ich, wir Wähler sind in jeder Hinsicht die alten Männer geblieben.

Wenn ich mir die männlichen Modepüppchen in allen Parteiführungspositionen so ansehe, ist es mir fast egal, ob ich rot-grün oder schwarz-gelb regiert werde. Ich werde nur noch die Partei wählen, von der ich annehmen kann, sie lässt auch mal eine Frau was werden. Als Ostdeutscher weiß ich nun seit zehn Jahren, wie es den Frauen seit Jahrhunderten geht: Man muss immer besser sein, um dasselbe zu werden wie der männliche oder eben westliche Konkurrent. Dass das nicht nur in der Politik so ist, das ist keine Entschuldigung für unsere Spitzen-Machos, mögen sie nun Schröder, Rau, Fischer, Trittin, Stoiber oder Rühe heißen. Nach Jahrzehnten einer männlichen Allparteienregierung, der ganz großen Männerkoalition, ist ein Machtwechsel überfällig. Die Herren Politik-Models haben die höchste politische Ebene zu ihrem Laufsteg gemacht und stellen in ihrer Eitelkeit und ihrem modischen Gehabe jede Claudia Schiffer in den Schatten. Eine Frau, auch wenn sie Hüte trägt wie Frau Simonis, Frisuren wie Frau Merkel oder ein Mundwerk hat wie Regine Hildebrandt, kann das, was bisher nur Männer beweisen konnten, schon lange: auf schönem Poster sympathisch lächeln und den Rest der Werbung überlassen. Wie selten Schönheit und Klugheit zusammengehen, auch das haben unsere smarten Schönheitskönige in den Parteien oft genug bewiesen. Es ist höchste Zeit, dass jetzt mal Aschenputtel den Schuh anprobiert. Der wird ihr vielleicht sogar besser passen als all den männlichen Thronanwärtern, bei denen immer ein wenig Blut im Schuh war.

Dass tüchtige Frauen ihren Mann stehen, halte ich für eine Verleumdung. Richtig ist vielmehr, dass sie ihren Mann oft genug auch noch bekochen müssen. Dass sie dazu seltener kommen werden, wenn sie erst selbst ganz oben auf dem Laufsteg stehen, ist es wohl, was wir Männer am meisten fürchten. Und wie würde einer wie Gerhard Schröder erst aussehen, wenn er sich seine Hemden selber bügeln müsste!

(2000)

Wenn wir erst alle Rentner sind

Wenn ich heute so in die Zeitung schaue und lese, was uns die Demografen voraussagen, kann das ja so lange nicht mehr dauern, bis wir Deutschland-einig-Rentnerland sind. Ein Blick in den Spiegel bestätigt mir, warte nur, bald gehörst du dazu. Das hat man als junger Mensch gar nicht glauben wollen, dass man selbst mal so alt werden könnte. Theoretisch wusste man es natürlich. Aber der praktische

Glaube fehlte, bis einem dann der Rentenbescheid jede Illusion raubte. Rentner werde ich von allein, hatte ich mir so lange gesagt und mich um 1000 Nebensächlichkeiten wie Beruf und Familie gekümmert. Das ist nun lange her, aber die gute alte Zeit, da ich noch nicht an meine Altersvorsorge dachte, habe ich in schöner Erinnerung. An alles Mögliche dachte ich damals – was mal aus mir werden könnte, was aus meinen Kindern. Nur an eines verschwendete ich kaum einen Gedanken – wie das wird, wenn ich mal Rentner bin.

Die Quittung habe ich inzwischen in der Hand – meinen vorläufigen Rentenbescheid. Der sieht so aus, wie er eben aussieht bei einem, der sich nicht rechtzeitig, also von frühester Jugend an, darum gekümmert hat, wovon er im Alter einmal leben wird.

Diesen Leichtsinn habe ich vermutlich von meiner Mutter geerbt. Die sagte in den härtesten Nachkriegs-zeiten, wenn es darum ging, was wir am nächsten Tag essen würden, meist nur: »Kommt Zeit, kommt Rat.« Irgendwie kam auch immer wieder was auf den Tisch, und wenn es nur Kohlrüben waren. Manchmal tröstete sie uns auch mit dem schönen Versprechen: »Euch soll es einmal besser gehen.« Kaum ging es uns dann aber besser, sagte sie auch schon, was bisher alle Älteren den Jüngeren irgendwann mal gesagt haben: »Euch geht es einfach zu gut.« Dass es mir zu gut gehen könnte, darauf bin ich übrigens nie gekommen. So etwas dachte ich dann erst von meinen Kindern, als es denen wirklich so gut ging, wie es mir in ihrem Alter nie gegangen war. Dass es ihren Kindern, also meinen Enkeln, auch einmal zu gut gehen würde, wird nach allem, was man heute so hört und liest, keiner mehr sagen können. Es sei denn, es kommt alles ganz anders, und die Zukunftsprognosen von heute stellen sich morgen als solche von vorgestern heraus.

So fahrlässig gedankenlos, wie ich früher in meine pensionierte Zukunft sah, tun das junge Menschen heute jedenfalls nicht mehr. Immer häufiger höre ich von Achtzehnjährigen, die kurz vor dem Abitur stehen, dass sie sich große Sorgen machen. Nicht etwa um Arbeits- und Studienplatz. Damit kann man sich ja beschäftigen, wenn es so weit ist. Aber die Altersvorsorge ist heute nichts mehr, was bis morgen Zeit hat! Das lese und höre ich nicht nur in den Medien, sondern auch in unzähligen Gesprächen mit Leuten in meiner Umgebung. Seit uns die Demografen unsere bedrohte Zukunft anhand der zu erwartenden Alterspyramide bis zum Jahre 2050 erklären, beginnt die Sorge um die Rente gleich nach der Entbindung.

Da sieht der junge Vater zum erstenmal das Neu-geborene und erschrickt: Mein Gott, schon auf der Welt und noch nichts für die Altersvorsorge getan! Und die Mutter fragt nicht etwa, wie Mütter das früher getan haben: »Ist es nicht süß?« Sie fragt: »Was wird, wenn das Kind in den Vorruhestand kommt?« Manchen Eltern fällt erst danach ein, dass das Kleine vorher noch einen Namen braucht. Ich habe bis heute keine Ahnung, was meine Kinder mal an Rente bekommen werden, und die haben inzwischen alle schon selber Kinder. Auch ob sie für die Rente meiner Enkel vorgesorgt haben, habe ich sie noch nicht gefragt. Das Wort Riester-Rente ist in meiner Familie noch nicht gefallen.

Hat das vielleicht mit unser aller DDR-Mentalität zu tun, die einfach davon ausgeht, dass Vater Staat schon für

191

uns sorgen wird? Immerhin weiß ich ja nun seit geraumer Zeit, dass ich den Vater Staat gewechselt habe. Aber dieser Stiefvater Bundesrepublik hat mir ja sofort nach der Adoption aus dem Munde von Papa Blüm versichern lassen: Die Rente ist sicher. Ich hatte ihn gar nicht danach gefragt. Aber an diesem Renten-Versprechen kam keiner vorbei, der 1990 in den Sozialstaat Bundesrepublik kam.

Dass Politiker nicht immer die Wahrheit sagen, wusste ich noch aus vordemokratischen Zeiten. Und ich glaube, Norbert Blüm hat auch gar nicht bewusst gelogen. Genauso wie Helmut Kohl wahrscheinlich an seine blühenden Landschaften geglaubt hat, hat Norbert Blüm an die sichere Rente geglaubt. Sie sind beide – Kohl wie Blüm – auf ihre eigenen Visionen hereingefallen. Soweit ich weiß, haben sie allerdings für ihre persönliche Rente per Gesetz Vorsorge treffen lassen, ohne selbst dafür etwas einzahlen zu müssen. Da sind sie wie alle anderen Politiker, die von den Gesetzen, die sie für die Allgemeinheit machen, selbst nicht betroffen sind. Deshalb können sie auch gar nicht verstehen, was andere Leute sich für Sorgen machen wegen solcher Gesetze.

Um ihre Politik vor dem Volke begründen zu können, bedienen sie sich gern der Wissenschaft. Zu ihren Lieblingswissenschaften gehört seit Urzeiten die Statistik. Denn was sich statistisch exakt errechnen lässt, kann keine gefühlte Wirklichkeit widerlegen. Statistik ist die Wissenschaft, die mit harten Zahlen alles belegen kann, was in der praktischen Politik gerade gebraucht wird. Sie zeichnet jedes politische Weichbild zur harten Realität. So rechnete sich die DDR einst mit ihrer Hilfe auf den zehnten Platz der Industrienationen hoch. Heute werden die Kosten des Sozialstaates Bundesrepublik auf ähnliche Weise hochgerechnet, bis jeder einsehen muss, dass sie unbezahlbar sind. Da braucht man die Zahlen gar nicht zu fälschen, man muss nur die richtigen Zahlen auswählen, um zum gewünschten Ergebnis zu kommen. Auch Demografie kann, gezielt ins Spiel gebracht, durchaus ihrer Rolle als demagogischer Faktor gerecht werden.

Nach allem, was uns die Demografen heute voraussagen, sind die Rentner die Einzigen, die sich bei uns noch vermehren. Mal abgesehen von den Singles. Die vermehren sich auch und zwar – das ist ein biologisches Wunder – ganz ohne sich fortzupflanzen. Auch deren Lebenserwartung steigt immer weiter, weil Singlesein nicht vorm Rentnerwerden schützt. Warum haben die Demografen unseren Müttern nur nicht rechtzeitig prophezeit, dass aus den vielen Kindern, die sie früher unter Schmerzen zur Welt brachten, letztendlich einmal fast genauso viele Rentner würden? Sie hätten sich manche schwere Geburt besser erspart. Aber niemand hat ihnen vorausgesagt, dass aus diesen geburtenstarken Jahrgängen von damals nichts als die Rentnerschwemme von heute werden würde.

Wir waren ja alle mal süße Kinder, bevor wir weniger süße Erwachsene und schließlich so hartlebige Rentner wurden, wie wir es heute in der Mehrzahl sind. Und nun müssen wir uns sagen lassen, dass wir den Jungen, von denen es immer weniger gibt, auch noch die Zukunft wegfressen. So wird aus dem sozialen Konflikt ein Generationskonflikt, der wie schon der Ost-West-Konflikt seine ablenkende Wirkung tut. Wo Alt gegen Jung kämpft und umgekehrt, verschwinden die alten Klassengegensätze. Der junge Arbeitslose kennt nicht mehr rechts und links, nicht oben und unten, wenn er erfährt, dass sein Feind im Seniorenheim sitzt.

Da man uns Alte nun mal am Halse hat und trotz Gesundheitsreform nicht loswird, verlangt man von den Jungen von heute, dass sie denselben Fehler machen, den ihre Großeltern einst gemacht haben. Sie sollen wieder solche geburtenstarken Jahrgänge zur Welt bringen, die dann wieder als Rentnerschwemme den nachfolgenden Generationen zur Last fallen. Vorher aber sollen sie als Noch-Nicht-Rentner auf nicht vorhandenen Arbeitsplätzen die Rente für ihre Eltern erarbeiten. Das nennt man den Generationenvertrag, den die Politiker einmal abgeschlossen haben, als sie noch nicht wissen konnten, wie wenig sich die Zukunft an unsere Prognosen hält.

Die Politiker sind trotz aller demografischen Gewissheit ratlos. Sie wissen zwar, der Jugend gehört die Zukunft, aber sie wissen auch, den Rentnern gehören 20 Millionen Wählerstimmen. Mit mir bei der nächsten Bundestagswahl sogar noch eine mehr. Die CDU hat 16 goldene Jahre regiert getreu dem Grundsatz, den ich von meiner Mutter kenne: Kommt Zeit, kommt Rat. Es gab so viele Jahre lang in der Bundesrepublik einfach kein Problem, das man nicht durch Untätigkeit zu lösen versuchte. Schröder hat nun mit einer gewaltigen Kraftanstrengung Reformen in Gang gesetzt, die eine Unzahl neuer Probleme schaffen, ohne die alten zu lösen.

Und so weit ist er selbst nicht mehr vom Rentenalter entfernt. Ich habe allerdings nicht den Eindruck, dass er sich die Sorgen machen muss, die ich mir hätte machen sollen. Er kommt zwar aus ähnlich ärmlichen Verhältnissen wie ich, aber mit der Sicherheit einer Kanzlerpension

194

sieht für ihn die ganze Armut nicht mehr so schlimm aus. Wie hätte er sonst aufs Arbeitslosengeld II kommen können? Sollte es ihm mit seiner ehemaligen Armut genauso gehen, wie es vielen von uns mit jener ehemaligen DDR geht? Je länger sie zurückliegt, desto harmloser wird sie.

Er hat seine damalige Armut nicht nur überlebt, er hat sich so weit hochgearbeitet, dass ihn seine ganze Sozialgesetzgebung von heute nicht mehr betrifft. Er regiert ja nicht für sich, sondern für uns. Und damit, wie er das tut, riskiert er sogar, von uns abgewählt zu werden. Das weiß er. Aber er weiß auch, wer dann nach ihm kommen würde. Und weil er weiß, dass wir das auch wissen, glaubt er einfach nicht, dass wir ihn schließlich doch abwählen würden. Er meint offensichtlich, wir halten ihn, wofür er sich selbst hält, für das kleinere Übel.

Er hat eine zu hohe Meinung von uns. Altersweisheit habe ich bei den Rentnern früher so wenig ausmachen können wie heute. Dass ich mit meinem Hinzukommen daran etwas ändern könnte, glaube ich – ehrlich gesagt – nicht. Es ist eher der Starrsinn, der mit dem Alter zunimmt. Das merke ich an mir selbst. Manchen alten Glauben lasse ich mir auch heute – oft genug wider besseres Wissen – nicht rauben.

Ein alter Pfarrersfreund aus DDR-Zeiten sagte mir kurz nach der Wende, er habe ein schlechtes Gewissen, weil er jetzt plötzlich so viel verdiene, wie ein Pfarrer in der Bundesrepublik eben verdient. Ich hatte erlebt, wie kärglich es bei ihm vorher zugegangen war, und sagte, er solle doch froh sein, endlich auch mal aus dem Vollen schöpfen zu können. Er widersprach mir in vollem Ernst. Er sei für die Mühseligen und Beladenen da. Die

Gefahr, ganz schnell zu vergessen, wie es denen wirklich geht, sei auch für einen Pfarrer groß. Natürlich konnte er sich mit seiner Meinung in der Amtskirche nicht durchsetzen. Seine Vorstellung von einer armen Kirche war einfach weltfremd. Auch unter seinen Amtsbrüdern stand er ziemlich allein da.

Nun kann man natürlich sagen, ein Nierendoktor muss nicht selbst unter Nierenkoliken leiden, um zu wissen, wie es seinen Patienten geht. Aber er steht täglich am Krankenbett und sieht die Ergebnisse seiner Heilungsversuche. Das kann man von unseren Politikern nun gerade nicht sagen. Sie versuchen den kranken Sozialstaat anhand von statistischen Berechnungen zu heilen, ohne dem Patienten je in die Augen sehen zu müssen. Sollten sie nicht ein bisschen von dem, was sie da anrichten – und sei es nur in einem zeitlich begrenzten Selbstversuch – auch einmal selbst erfahren?

Politiker, die so denken, gab es. Von einem zumindest weiß ich noch. Gansel hieß er, glaube ich. Er war SPD-Bundestagsabgeordneter und ging doch regelmäßig einmal im Jahr – wenn ich mich recht entsinne – für ein paar Tage oder Wochen bei der städtischen Müllabfuhr arbeiten. So meinte er nicht nur zu erfahren, wie seine Wähler dachten, sondern auch welche Auswirkung die von ihm mit verantwortete Politik auf ihr Leben hatte. Sein Beispiel hat natürlich nicht Schule gemacht. Der Mann ist heute so gut wie vergessen. Ich weiß nicht mal mehr seinen Vornamen. Aber dass es so einen Politiker mal gab, weiß ich noch. Und dass der Mann bei seinen Wählern mehr Vertrauen genoss als andere, das vermute ich einfach mal.

Unter den Demografen soll es übrigens auch solche geben, die die Berechnungen ihrer Kollegen, die Bevölkerungsentwicklung bis zum Jahre 2050 betreffend, für reinen Humbug halten. Ende des 19. Jahrhunderts sollen Statistiker ausgerechnet haben, dass angesichts der ständig wachsenden Zahl von Pferdedroschken Berlin spätestens im Jahre 1950 im Pferdemist erstickt wäre. Mein großer Kollege Karl Valentin meinte zum gleichen Thema, Prognosen seien immer schwierig, besonders wenn sie die Zukunft betreffen.

(2001)

Ein Machtwechsel namens Köhler

Zu den ersten Aufgaben eines jeden Bundespräsidenten der Bundesrepublik Deutschland gehört es, vergessen zu machen, wie er zu seinem Amt gekommen ist. Das schuldet er der Würde dieses Amtes, das ja dann aus nichts anderem als eben dieser Würde besteht. Erst die öffentliche Wahl durch die Bundesversammlung gibt den vielen vorangegangenen, nicht öffentlichen Kungeleien wenigstens den Anschein demokratischer Legitimation. Die ganze Wahl des Bundespräsidenten ist also ein Ergebnis organisierter Demokratie. Unser neuer Bundespräsident soll von seiner bevorstehenden Würde übers Handy von Frau Merkel erfahren haben.

Ist es ein Wunder, dass er dann in seiner Antrittsrede vor der ganzen, halb christlichen, halb atheistischen Bundesversammlung ausgerufen hat: »Gott segne unser Land«? Er wird Gottes Hilfe brauchen, um nicht nur der

Präsident derer zu werden, die ihn ausgekungelt haben. Die meinen schließlich, mit seiner Wahl dem Machtwechsel ein Stück näher gekommen zu sein. Das sagen sie nicht so deutlich wie seinerzeit der Sozialdemokrat Gustav Heinemann. Aber die Wahl von Horst Köhler gilt doch als eine taktische Meisterleistung von Frau Merkel. Da wird er viele schöne Reden halten müssen, um uns das vergessen zu lassen.

Auch Gerhard Schröder kann man taktisches Geschick nicht absprechen. Er hat sofort, nachdem er erkannt hat, dass er seinen Kandidaten nicht durchbringen würde, eine Frau nominiert. Die sympathische Gesine Schwan. Wo immer in unserem Land eine aussichtslose Kandidatur zu vergeben ist, kriegt sie eine sympathische Frau. Auch wenn sie die Wahl natürlich verloren hat, den Sympathie-Wettbewerb – im Skispringen nennt man das die B-Note – hat Gesine Schwan haushoch gewonnen.

Nun ist es ja – weshalb werden denn überhaupt so oft Frauen für dieses Amt vorgeschlagen? – im Grunde auch egal, wer in Deutschland Bundespräsident ist. Er darf viele Reden halten, hat aber letztendlich in der praktischen Politik nichts zu sagen. Das könnte man also theoretisch auch einer Frau überlassen. Nicht überlassen kann man die Wahl aber dem Volk. Eine Direktwahl verbiete sich aus historischen Gründen, hat auch Wolfgang Thierse vor der Bundesversammlung erklärt, nachdem er vorher viele gute Günde für so eine Direktwahl genannt hatte. Mit den historischen Gründen ist wohl die traurige Tatsache gemeint, dass das deutsche Volk einmal einen Reichspräsidenten Hindenburg gewählt hatte, der dann einen Reichskanzler Hitler ernannt hat.

Nun ist glücklicherweise weit und breit weder ein Hindenburg noch ein Hitler in Sicht. Und die Befugnisse des Präsidenten sind so begrenzt, dass selbst ein Mann wie der selige Heinrich Lübke in diesem Amt kaum für Schaden, dafür umso mehr für Heiterkeit gesorgt hat. Warum soll einer, der uns doch alle repräsentieren soll, nicht von uns allen gewählt werden? Ein Präsidenten-Wahlkampf könnte dem Ansehen der Kandidaten kaum mehr schaden als die Kungelei der Merkel/Stoiber/Westerwelle. Außerdem könnte man doch schon im Wahlkampf feststellen, ob die Kandidaten das auch können, was danach ihr ganzes Amt ausmachen wird – gut aussehen und schön reden.

Altbundespräsident Walter Scheel, der einst berühmt wurde, weil er so schön »Hoch auf dem gelben Wagen« gesungen hat, meinte am Wahlabend vor laufender Kamera, wenn man den Präsidenten vom Volke wählen ließe, dann käme vielleicht ein Daniel Küblböck heraus. Auch wenn man mit einigem Recht fürchten darf, dass Intelligenz in Deutschland nicht unbedingt mehrheitsfähig ist, so dumm, wie Herr Scheel meint, ist das einst von ihm repräsentierte Volk noch lange nicht. Im Übrigen dürfte es sich ja auch nur zwischen den Kandidaten entscheiden, die die Parteien nominieren. Welcher Partei traut er den Küblböck also zu?

(2004)

Fünfzehn Jahre Leben ohne Mauer

Als vor beinahe fünfzehn Jahren in Berlin die Mauer fiel, dachten wir, nun könnte uns Deutsche nichts mehr trennen. Ein paar Tage und Nächte lang waren wir das glücklichste Volk auf der Erde. Und dieses Glück fassten wir in dem alles umfassenden Wort »Wahnsinn« zusammen. Nach mehr als vierzig Jahren Trennung, achtundzwanzig Jahren Leben mit der Mauer wähnten wir uns am Ziel unserer Wünsche. Nun sollte auf der Stelle zusammenwachsen, was zusammengehörte. Damals, als wir uns verliebt in den Armen lagen, ahnten wir nicht, wie schnell wir uns wieder in den Haaren liegen würden. Aber kaum war die Mauer dann so richtig gefallen, da mussten wir erkennen, sie hat uns nicht nur getrennt, sie hat uns auch voreinander geschützt. Jetzt leben wir seit vierzehn Jahren zusammen. Das heißt, wir sind einander schutzlos ausgeliefert, und wenn wir nun frei und ungehindert auf einandertreffen, erschrecken wir meist nur noch voreinander. Das höchste Lob, das ein Westler im Osten noch erfahren kann, lautet: »Der ist gar nicht wie ein richtiger Westler.« Mir wurde im Westen das umgekehrte Lob zuteil, als mir eine Dame in Aachen, nachdem wir drei Sätze miteinander gewechselt hatten, fast bewundernd sagte: »Dass Sie aus dem Osten kommen, hätte ich gar nicht gedacht.«

Aus den heißen Liebes- und Champagnernächten im November 1989 ist ein trister Ehealltag geworden, in dem sich jeder wieder nach der guten alten Zeit zurücksehnt, in der er sich noch nach dem Partner sehnen durfte, der ihn nun, seit man mit ihm leben muss, so maßlos enttäuscht hat. »Sehnsucht nach der Sehnsucht« heißt ein

Gedicht von Kurt Tucholsky, dessen Ehe auch einmal am Zusammenleben gescheitert war.

Diese deutsche Liebe – das hatte ich schon 1990 prophezeiht – war eine Liebe vor dem ersten Blick. Mit dieser öffentlich geäußerten Befürchtung galt ich damals als Schwarzmaler und war doch eher ein Schönfärber. Schließlich sprach ich ja noch von Liebe. Dass wir uns auch vierzehn Jahre später noch nicht aneinander gewöhnt hätten, das konnte ich mir damals bei aller Skepsis nicht vorstellen. Immer wieder versucht man, mit Satire zu übertreiben, was man nicht übertreiben kann – eine Wirklichkeit, die stets noch eine neue böse Seite bereit hält, wenn alle schon meinen, schlimmer könne es aber nicht mehr kommen. Wer heute Gerhard Schröders Agenda 2010 für den Gipfel hält, dem werden nach einem Wahlsieg von Angela Merkel schon im Jahre 2006 die Augen übergehn.

Als wir uns nach jener heißen Liebesheirat von 1990 dann kennenlernen mussten, war es zu spät. Das Ja-Wort war gesagt. So leicht kommen wir nicht wieder auseinander. Ossis und Wessis geht es wie Mann und Frau – sie passen nicht zueinander, können einander aber auch nicht lassen. Da mögen sich heute noch so viele in West und Ost die Mauer zurückwünschen – was Kohl zusammengefügt hat, das kann auch der Köhler nicht trennen. Wir Ungleichen fordern gleiche Lebensverhältnisse und haben doch – wer wollte das leugnen – ganz und gar ungleiche Wertvorstellungen. Unser Bundespräsident kommt aus der Finanzwelt. Er weiß, dass das Gleichheitsgebot als erstrebenswertes Ideal zwar im Grundgesetz steht, aber mit der harten Wirklichkeit der Haushaltslage in absehbarer Zeit nicht vereinbar sein wird. Und noch entscheidet der Bundeshaushalt, welche Ideale umgesetzt werden können und welche reine Verfassungspoesie bleiben müssen. In der Bundesrepublik herrscht nun mal das Primat der Ökonomie vor aller Poesie.

Das Einzige, was Ost und West heute noch von ganzem Herzen eint, ist die gegenseitige Abneigung. Aber die hält ja auch im wirklichen Leben manche Ehe zusammen. Man nennt das dann eine Vernunftehe. Zu der sind wir nun, wenn nicht vor Gott, so doch vor der Welt verurteilt. Seit vierzehn Jahren nerven wir uns nun gegenseitig wie ganz normale Eheleute. Der Ossi lässt das Klagen nicht, der Wessi nicht das Besserwissen. Statt gemeinsam über eine bessere Zukunft nachzudenken, träumen wir von einer besseren Vergangenheit. Und zwar jeder von seiner. Der Ostdeutsche weiß zwar noch, dass er in der DDR das schlechtere Geld und die schlechteren Autos hatte, dass er nicht reisen durfte, aber dafür – die Überzeugung lässt er sich nicht nehmen – lebten hier in unserer geschlossenen Anstalt die besseren Menschen. Wir lebten in einer Notgemeinschaft. Die Not ist weitgehend vergessen, die Erinnerung an die Gemeinschaft ist geblieben. Ostalgie ist so etwas wie die Sehnsucht nach einer guten alten Zeit, in der man nichts zu lachen hatte. Je schlechter das Gedächtnis, desto schöner werden die Erinnerungen.

Der Westdeutsche kann über die Vergesslichkeit der Ostdeutschen nur den Kopf schütteln. Er weiß schließlich am besten, wie das Leben in der DDR wirklich ausgesehen hat. Da wurde, wer nicht selbst Spitzel war, von der Stasi bespitzelt. Da gab es nur eine Farbe, und die war grau, wie der Alltag in einer Diktatur nun mal ist. Damals beklagten die Ostdeutschen ihr Schicksal, und heute beklagen sie es wieder. Angesichts dieser ewig klagenden Landsleute sehnt sich der Altbundesbürger nun zurück in seine gemütliche Bundesrepublik, in der er – wenn es nicht gerade zu jenen Kurzbesuchen in dringenden Familienangelegenheiten kam – sicher sein konnte vor seinen zurückgebliebenen Brüdern und Schwestern. Ein bisschen von gestern waren sie ja früher auch. Aber damals konnten sie nichts für ihre Beschränktheit. Sie waren ja eingesperrt und durften nicht mal sagen, was sie dachten. Seit sie das aber dürfen, stellt sich heraus, dass sie wirklich anders denken, diese komischen Andersdenkenden, die 1989 zwar auf die Straße gegangen waren, um ihre Diktatur zu stürzen, aber dann sofort nach Helmut, Helmut! riefen, weil sie den für die D-Mark hielten.

In der DDR hatten sie nur gewusst, was sie nicht wollten – den Real-Sozialismus mit seiner Binnenwährung, die ständige Bevormundung und das Eingesperrtsein. Was sie wirklich wollten, darüber haben sie sich vor lauter Dagegensein gar keine Gedanken gemacht. Sie ließen sich 1990 die D-Mark schenken und nahmen dann den ganzen dazugehörigen demokratischen Kapitalismus widerspruchslos in Kauf. In wenigen Jahren holten sie alles auf, was ihnen die Westdeutschen mit ihrer Reisefreiheit voraus hatten. Sie sahen Paris, London, New York und die Kanaren und wunderten sich, wenn sie nach Hause kamen und ihren Arbeitsplatz nicht wiederfanden. Damit, dass der Kapitalismus nach dem Wegfall der kommunistischen Konkurrenz im Laufe der Zeit immer kapitalistischer werden würde, hatte keiner gerechnet. Schließlich hatte man in der DDR doch gesagt: Lieber arbeitslos im Westen als das große Los im Osten.

Das gute Leben auf Kosten des Westens hat die Ostdeutschen endgültig verdorben. Heute sind sie allesamt zu Anspruchsdenkenden geworden, die nichts anderes im Sinn haben, als nach der DDR nun auch den guten alten Sozialstaat der Bundesrepublik in den Ruin zu treiben. Der Osten steht auf der Kippe. Das tut er nach Ansicht unseres Bundestagspräsidenten schon seit geraumer Zeit. Aber statt endlich den freien Fall zu wagen, hält er sich am Westen fest und droht, den mit in den Abgrund zu ziehen. 1250 Milliarden Euro sind in den Osten geflossen und hier unauffindlich versickert. So etwas wird nicht etwa an irgendwelchen Stammtischen gesprochen. Das steht auf den Titelseiten großer Nachrichten-Magazine und wird von gutbezahlten, also kompetenten Regierungsberatern bestätigt. Wie viele Milliarden über den östlichen Umweg in den Westen zurückgeflossen sind, steht nirgends. Die Regierung ist ratlos angesichts des nicht aufzuhaltenden Abdriftens der Ostwirtschaft und ruft deshalb immer neue Berater zu Hilfe, die sich durch den einen oder anderen Kurzbesuch in Dresden, Potsdam oder Schwerin zu Ostexperten qualifiziert haben. Deren Rat ist zwar teuer, aber selten so gut, wie er bezahlt wird. In ihren ungeschminkten Abschlussberichten steht gewöhnlich, dass die Lage noch viel schlimmer ist, als sie ohne ihren Bericht ausgesehen hätte.

Der Osten kommt einfach nicht aus dem ökonomischen Knick, in den ihn westdeutsche Wirtschaftsfachleute geführt haben. Das müssen diese Fachleute immer wieder feststellen, um dann Lösungsvorschläge zu machen, die zwar nicht aus dem Knick, aber wenigstens aus der Sprachlosigkeit führen. Mut zur bitteren Wahrheit nennt man das. Die Wahrheit ist zwar selten wirklich neu, aber sie immer wieder auszusprechen, dazu gehört in Deutschland eben Mut. Auf diese Art und Weise kann jeder auch immer wieder behaupten, dass er das, was keiner hören wollte, gleich gesagt hätte. Zu den Gleich-Gesagt-Habern gehören viele Politiker, die uns damals in die deutsche Einheit geführt haben und heute wissen, was da unter ihrer Führung so alles falsch gelaufen ist, weil man – ohne auf sie zu hören – das gemacht hat, was unter ihrer Führung eben so gemacht wurde.

Nicht ganz zu Unrecht sagt man von Politikern ja auch, dass sie oft genug damit beschäftigt sind, Probleme zu lösen, die es ohne sie gar nicht gäbe. Wäre in den frühen Jahren der Abriss Ost von den westlichen Wirtschaftspolitikern und ihren Vollstreckern in der Treuhand nicht so konsequent vollzogen worden, müssten wir uns heute vermutlich weniger darüber wundern, dass der Aufbau Ost so langsam vor sich geht. Da hat man nun im Osten für teures Westgeld überall wunderschöne neue Verkehrswege gebaut, die von einer stillgelegten Fabrikanlage zur andern führen. Trotz des vielen in den Straßenbau investierten Geldes und der wunderschön sanierten Altstadtkerne stagniert die Wirtschaft weiter. Statt sich nun aber wenigstens an diesen neuen Straßen und den alten Stadtkernen zu erfreuen, demonstrieren die dort Zurückgebliebenen, und zurückgeblieben sind sie in jeder Hinsicht, nun für den Erhalt von Arbeitsplätzen, die es seit Jahren nicht mehr gibt. Und die noch Arbeit haben in unserer globalisierten Computerwelt, stellen mittelalterliche Forderungen nach gleichem Lohn für gleiche Arbeit. Sie wollen nicht erkennen, dass die Zeit der Gleichmacherei ein für allemal vorbei ist. Cottbus ist natürlich nicht Düsseldorf, aber – das sollten die Lausitzer nicht vergessen – es ist auch noch nicht Ulan Bator.

Statt aber ihre materielle Situation mit der von ihren Kollegen im Osten, also etwa in Weißrussland oder der Ukraine zu vergleichen, was ja naheliegend wäre, fragen die Ostdeutschen immer nur, was die Leute im fernen Bayern oder in Baden Württemberg verdienen. Kein Wunder, dass sie mit so einem falschen Blickwinkel unzufrieden werden und auf gewissenlose Sozialromantiker hereinfallen, die ihnen immer wieder einreden wollen, bei den Reichen sei noch was zu holen. Wäre bei denen je etwas zu holen gewesen, wären sie ja nicht so reich, wie sie sind. Statt sich darüber zu freuen, dass sie als Nichtreiche dieselbe schöne Freiheit genießen dürfen wie die Reichen, verlangen sie Arbeit. Bezahlte Arbeit. Als sei Arbeit in Deutschland noch bezahlbar. Warum denken sie nicht einmal darüber nach, dass es bisher noch keinem Vietnamesen in Saigon oder Hanoi eingefallen ist, dort auf die Straße zu gehen, um dagegen zu protestieren, dass die Spitzengehälter vietnamesischer Ingenieure und Wissenschaftler niedriger sind als das deutsche Arbeitslosengeld zwei. In Vietnam gibt es weder Freiheit noch Arbeit. Trotzdem versammeln sich die Leute da nicht zu sinnlosen Montagsdemonstrationen. Daran brauchten sich die verwöhnten Deutschen nur mal ein Beispiel zu nehmen. Sie würden dankbar jede Lohnkürzung hinnehmen, um ihren Arbeitsplatz zu Hause wenigstens vorübergehend zu sichern.

Auch Demokratie und Sozialstaat kennt man in Asien nicht. Deshalb boomt ja die Wirtschaft dort. Und wo es boomt, da lässt sich Siemens nieder. Viele Millionen anspruchsloser Chinesen, die heute noch ohne Arbeit sind, warten doch nur darauf, für deutsche Hungerlöhne arbeiten zu dürfen. Wenn sie uns erst den letzten Rest an Arbeit abgenommen haben, dann haben wir in Deutschland nur noch Freiheit und Demokratie. Denn nur da, wo es die nicht gibt, wird es dann noch Arbeit geben.

Ich weiß ja, das klingt alles übertrieben. Wir jammern auf hohem Niveau. Und dass der Sozialstaat in der Bundesrepublik in mancher Hinsicht eher für die Gerissenen als für die Bedürftigen gemacht war, stimmt wohl auch. Natürlich gibt es auch unter den Ärmeren viel zu viele, die versuchen das Sozialamt zu betrügen, sich auf Kosten der Allgemeinheit Vorteile zu verschaffen, die ihnen nicht zustehen. Aber was ist die Gerissenheit derer, die Sozialhilfemissbrauch begehen, gegen die Gerissenheit derer, die bei uns als Leistungsträger gehandelt werden? Wie viele von denen haben es sich in den tausend ganz und halblegalen Steuerschlupflöchern unseres Landes bequem gemacht? Wir leben in einem System, das nicht nur mit der Gerissenheit seiner Bürger rechnet, sondern geradezu darauf baut. Anders ist die ganze Steuergesetzgebung nicht zu erklären. Aber was Vodafon billig ist, kann jeden Wohngeldbetrüger teuer zu stehen kommen. Es stimmt ja nicht, dass man die Kleinen fängt und die Großen laufen lässt. Die Großen kriegt man gar nicht erst zu fassen. Und wenn man sie dann doch mal vor Gericht bringt, muss man ganz schnell feststellen, dass Milliardenbetrug hierzulande im Gegensatz zum Ladendiebstahl einfach nicht justiziabel ist. Die Justiz darf den moralischen Zeigefinger erheben, verurteilen kann sie die Essers und Ackermanns nicht.

Auch wenn es um die überhöhten Managergehälter geht, kann der Staat nur an die Moral der Manager appellieren. Und das tut der Staat seit geraumer Zeit ja auch immer mal wieder. Mit dem Ergebnis, dass die Managergehälter nicht unwesentlich gestiegen sind, ohne dass die Moral der Manager darunter gelitten hätte. Anstand ist nun mal keine ökonomische Kategorie. Maßhalten müssen die unteren Einkommensschichten. Wenn trotzdem die zehn Prozent reicher Bundesbürger mehr als die Hälfte des gesamten Steueraufkommens in der Bundesrepublik leisten, dann ist das noch längst kein Beweis für Steuergerechtigkeit, sondern eher ein Beweis dafür, dass der Reichtum nicht ganz gerecht verteilt sein kann.

Einig sind sich inzwischen die Reichen in Ost und West, dass es der Sozialneid ist, der die Atmosphäre in Deutschland vergiftet. Und da ist natürlich etwas dran. Wüssten die Millionen Facharbeiter nicht, was ihre tausend Manager verdienen, wüssten sie gar nicht, worauf sie neidisch sein sollten, hätten also gar keinen Anlass, die Atmosphäre zu vergiften. Das also wäre doch mal ein Punkt, in dem man von der DDR etwas lernen könnte. Sie hat durch ihre konsequente Geheimhaltung all dessen, was böses Blut schaffen könnte, eine Atmosphäre geschaffen, in der zwar alle zu Hause gemeckert haben, aber draußen das Maul hielten. Eine freie Presse ist der Feind des sozialen Friedens. In der Demokratie reicht es doch aus, wenn die Regierung kritisiert werden darf. Was die Wirtschaft tut, geht keinen was an. Schließlich wollen die Ackermanns und Schrempps von uns ja auch nicht gewählt werden. Wir wählen ausschließlich Politiker, die allesamt Sachzwängen unterworfen sind, an denen sie

weder als Sozial- noch als Christdemokraten vorbeire-
gieren können. Auch die PDS kann nur da, wo sie nicht
mitregiert, von Alternativen reden, die sie im Regierungsamt wieder vergessen muss. Der Sachzwang ist überpar-
teilich.

Die Masse der Ostdeutschen regt sich noch auf über
Ungerechtigkeiten des Systems, an die sich die meisten
Westdeutschen längst gewöhnt haben. Und dann fallen
die Brandenburger herein auf eine von einem Münch-
ner Millionär bezahlte Gruppe von Dumpfbacken, deren
ganzes Programm in den zwei Worten »Schnauze voll«
zusammengefasst ist. Die Sachsen wählen sich eine NPD
in ihr Landesparlament, die durch den gescheiterten Ver-
botsantrag erst so richtig an Zulauf gewonnen hat. Natürlich ist das dumm. Und viele von diesen Dummwählern
wissen vermutlich sogar, dass sie die Falschen wählen.
Aber eine andere Möglichkeit, den demokratischen Parteien zu zeigen, dass sie mit ihnen nicht zufrieden sind,
sehen sie nicht. Unter anderem, weil diese Parteien einander zum Verwechseln ähnlich geworden sind und vor lauter Sachzwang vergessen, dass sie keine Sachen, sondern
Menschen regieren.

Der französische Ministerpräsident Raffarin hat vor
kurzem nach einer verlorenen Wahl in Frankreich gesagt:
»Wir haben offensichtlich ein Problem mit dem Volk.«
Dem kann man – auch als Nichtfranzose – nur hinzu-
fügen: »Problem erkannt.« Die rot-grüne Bundesregierung nennt denselben Sachverhalt etwas verschwomme-
ner ein »Vermittlungsproblem«. Das soll heißen: »Wir
machen die richtige Politik, verstehen es nur nicht, sie
als solche dem Volk zu vermitteln.« Auch da ist zweifel-

los etwas dran. Wie soll ein Volk Vertrauen haben in eine Reformpolitik, die heute aus Hü und morgen aus Hott besteht. Das Einzige, was Hü und Hott dabei gemeinsam haben, ist die Gewissheit des Wählers, dass er für beides wird bezahlen müssen. Wie viele von den immer neuen Reformvorschlägen, die durch die Medien geistern, haben mit ernsthafter Reform weniger zu tun als mit der Profilierungssucht einzelner Politiker. Da hat es ein junger, christlicher Nachwuchspolitiker, den vorher keiner kannte, mit einem Dummen-Jungen-Vorschlag geschafft, bundesweit bekannt zu werden. Den Krückstock statt des künstlichen Hüftgelenks für Alte, verlangte er. So etwas reicht heutzutage, um nicht nur berühmt, sondern auch ernsthaft diskutiert zu werden. Wie wär's, wenn ich heute vorschlüge, das Rentenproblem in der Bundesrepublik dadurch zu lösen, dass wir die altindische Tradition der Witwenverbrennung bei uns einführen? Absurd? Natürlich. Aber nicht zu absurd, um in unsere Allerwelts-Reform-Diskussion frischen Wind zu bringen. Natürlich hat er da überspitzt, würden viele sagen, aber im Ansatz ist der Vorschlag doch nicht ganz falsch. Immerhin ist die Überalterung in Deutschland doch nun mal wirklich vor allem weiblich. Von sozialverträglichem Ableben war ja auch schon mal die Rede bei uns. Wer sich über die Dummheit deutscher Wähler aufregt, sollte die tausend Dummheiten aus demokratischem Politikermund nicht vergessen.

Wer seinen Wählern immer wieder Angst macht mit teilweise absurden, einander widersprechenden Sparkonzepten darf sich über deren Angstreaktion nicht wundern. Und wer jahrelang die falschen Versprechungen abgegeben hat, nur um immer wieder gewählt zu werden, darf sich zumindest nicht beschweren, wenn er irgendwann nicht mehr gewählt wird. Da das inzwischen auf beide großen Volksparteien gleichermaßen zutrifft, sollten die jetzt dem untreuen Wähler nicht vorwerfen, dass er die Lust am Wählen überhaupt verloren hat. Denn die wirkliche Gefahr für die Demokratie besteht nicht darin, dass die rechten Dumpfbacken in dem oder jenem Landesparlament vertreten sind. So deprimierend es ist, dass sie in Brandenburg wieder und in Sachsen neuerdings vertreten sein werden. Die erledigen sich gewöhnlich nach ein/zwei Legislatur-Perioden von selbst, da sie auch als Abgeordnete nur Dumpfbacken bleiben und allenfalls durch Skandale auf sich aufmerksam machen.

Dass rechtsradikales Gedankengut in Ost- wie in Westdeutschland eine reale Basis in der Bevölkerung hat, ist schlimm genug. Aber solange dieser Basis der intellektuelle Überbau fehlt, ist alles noch nicht so schlimm, dass die Demokratie durch sie wirklich gefährdet wäre. Der Trost ist schwach, aber es ist einer – die Dummen sind zwar bei uns bestimmt nicht weniger zahlreich als in andern Ländern. Man denke nur an Le Pen, der es in Frankreich bei den letzten Präsidentschaftswahlen auf dreißig Prozent Wählerstimmen gebracht hat. Aber – jetzt kommt der Trost für uns – zum Glück fehlen in Deutschland noch die klügeren Dummenfänger. Das ist unser Glück, nicht unser Verdienst. Gäbe es nur einen sächsischen Haider oder einen saarländischen Le Pen, wir könnten nicht so ruhig schlafen.

Da die demokratischen Parteien nur noch den Eindruck erwecken, um die Macht zu kämpfen, statt um die besseren Lösungsvorschläge zu streiten und in ihrem Machtgerangel einander immer nur gegenseitig Unfähigkeit vorwerfen, ist man geneigt, keiner der beiden Seiten in puncto Unfähigkeit so recht zu widersprechen. Wenn die Stärke der Opposition nur in der Schwäche der Regierung besteht, dann stimmt bei beiden etwas nicht.

Wie oft hat Friedrich Merz dem Eichel Hans in diesem Jahr schon solche Unfähigkeit vorgeworfen und ist doch selbst mit nichts als seiner Bierdeckel-Lösung für das deutsche Steuerchaos in Erscheinung getreten. Die haben ihm selbst die engsten Parteifreunde in die Vergessenheit gelobt. Es gab und gibt immer tausend Gründe, weder die eine noch die andere Partei zu wählen. Das ist normal. Demokratische Parteien sind nun mal keine Heilsbringer. Es fehlt aber der eine kleine Grund, eine von ihnen trotzdem zu wählen. Dieser Grund kann ein – und sei es nur in Nuancen – überzeugenderes Konzept sein oder wenigstens eine Persönlichkeit, der ich mehr vertraue als der anderen. Aber solange ich von Frau Merkel nur weiß, dass sie Kanzlerin werden will und von Schröder nichts anderes, als dass er Kanzler bleiben will, sehe ich keinen Grund, sie zu wählen. Auch wenn ich dunkel ahne, dass eines von beiden trotz allem noch das kleinere Übel sein könnte.

Wer solche Ahnung nicht mehr hat, der schließt sich Deutschlands größter Partei an, der der Nichtwähler. Das war im Saarland so, und das ist in Sachsen und Brandenburg nicht anders. Was die östliche Wahllandschaft von der westlichen unterscheidet, ist die Existenz der PDS. Alle Bemühungen, sie als Nachfolge-SED zu verteufeln oder durch Regierungsbeteiligung zu entzaubern, sind bisher fehlgeschlagen. Der Osten lässt die roten Socken nicht verkommen. Dabei müssten die Wähler doch wissen, dass auch diese Partei an Hartz IV nichts ändern wird, ob sie nun mitregiert oder nicht. Als reine Protestpartei am linken Rand, wie man das im Westen gerne sieht, ist sie längst nicht mehr zu erklären. Und als reine SED-Nachfolge-Partei schon gar nicht. So viele Stimmen hätte die böse alte SED in freien Wahlen zu Honecker- oder Ulbricht-Zeiten weder in Sachsen noch in Brandenburg bekommen. Ihre Wahlerfolge sind viel weniger mit der undemokratischen DDR-Vergangenheit zu erklären, als mit der Enttäuschung über eine bundesrepublikanische Gegenwart, die eben so rosig nicht ist, wie man einst hinter Mauer und Stacheldraht vermutet hatte.

Als Kohl dem Osten einst die blühenden Landschaften versprach, flogen ihm die Stimmen aus den östlichen Bundesländern nur so zu. Auch Schröder verdankte seine Wiederwahl im Jahre 2002 nicht zuletzt den vielen Oststimmen, nachdem er sich beim Elbehochwasser so engagiert gezeigt hatte. Da hat es die PDS nicht mal mehr über die Fünf-Prozent-Hürde gebracht, und viele meinten, nun habe sie sich endgültig erledigt. Seit das Hochwasser abgeflossen ist, die Schäden mit überwiegend westlicher Hilfe beseitigt sind, hat das Interesse am Osten nicht nur beim Kanzler wesentlich nachgelassen. Es ist gesamtdeutsche Normalität eingetreten, also Selbstbesinnung des westlichen Mutterlandes auf den eigenen Nabel. Man ist viel zu sehr mit sich und den eigenen Problemen beschäftigt, um nun immer wieder zur Kenntnis nehmen zu wollen, dass die Probleme im Osten ein bisschen anders sind als im Westen. Schließlich kann man sich nicht immer um die armen Verwandten kümmern, wenn einen die eigenen Sorgen aufzufressen drohen.

Arme Verwandte haben ein feines Gefühl dafür, wenn sie nur noch als lästig empfunden werden. Und dann ziehen sie sich eben zurück und gehen gar nicht wählen, oder sie wählen die eigenen Verwandten, egal ob man mit denen mal so verkracht war, dass man mit ihnen eigentlich nie wieder was zu tun haben wollte. Die verstehn einen wenigstens noch und zeigen Interesse. Auch wenn man genau weiß, dass die PDS Hartz IV nicht verhindern wird, nimmt man dankbar zur Kenntnis, dass die Genossen den Antragstellern wenigstens beim Ausfüllen der Formulare helfen, während die andern Parteien nur immer wiederholen, dass an Hartz IV nun mal kein Weg vorbeiführe und die Ängste der Betroffenen unbegründet seien. Wenn man als Ostarmer dann aber auch noch mitbekommt, dass man bei gleicher Bedürftigkeit ganze vierzehn Euro weniger als der Westarme kriegen soll, dann fühlt man sich gleich noch mal so arm und benachteiligt.

Das Gefühl, benachteiligt zu sein, ist allerdings keines, dass auf die Armen beschränkt ist. Benachteiligt fühlt sich jeder Arbeitnehmer, der für die gleiche Arbeit weniger bekommt als sein Kollege. Um das festzustellen, bräuchten wir gar kein Ost-West-Gefälle. Aber da fällt es besonders auf. Nach vierzehn Jahren Deutschland einig Vaterland verliert man das Verständnis für jede Art von Sonderbehandlung. Da helfen die plausibelsten wirtschaftlichen Erklärungen nicht. Als Einsicht in die Notwendigkeit wurde den Ostdeutschen die Freiheit auch in der Diktatur beschrieben. Mögen die ostdeutschen Gefühle auch an der ökonomischen Wirklichkeit vorbei- gehen, sie sind da und werden immer wieder genährt, nicht zuletzt durch so eine unbedacht ehrliche Äußerung des Bundespräsidenten zu den Lebensverhältnissen in Ost und West.

Natürlich sind das alles Folgen eines Wiedervereinigung genannten Prozesses, der in Wirklichkeit ein bedingungsloser Anschluss des Ostens an den Westen war. Dieser Anschluss wurde auf ostdeutschen Straßen gefordert und in westdeutschen Ämtern vollzogen. Es war Ostvolkes Wille, und alle Mahnungen galten damals in Ost und West als kleingläubig. Was man im Oktober 1990 für ein Happyend hielt, stellte sich heraus als Anfang einer unendlich traurigen Geschichte. Was Kohl aus der Portokasse bezahlen wollte, das stottern wir nun alle gemeinsam ab. Nur zur Erinnerung – den Solidarbeitrag zahlen auch die Ostdeutschen und zwar in gleicher Höhe. Da gibt es keinen Osttarif. Auch das Jammertal liegt nicht in Ostdeutschland. Im gemeinsamen Jammern hat die Einheit längst ihre Vollendung erreicht. Wenn auch im Westen noch auf etwas höherem Niveau gejammert wird, die Lautstärke ist gleich. Und der Stammtisch in Gelsenkirchen hat, wie der Stammtisch in Cottbus, erkannt: »Der Feind sitzt drüben!«

Es gibt also allen Grund, wenigstens den dritten Oktober gemeinsam zu feiern als den einen Tag der deutschen Einheit.

(2005)

Der Kampf um die Wahrheit oder
Wähl den, der lügt

Wahlkampf ist ein Spektakel, das vorgibt, einen Inhalt zu haben. Dass er den nicht hatte – der Wahlkampf den Inhalt nämlich – merkt man spätestens, wenn das Spektakel vorbei ist, und das alte Stück einfach weitergespielt wird. Beim Spektakel geht es nur um die Besetzung der ewig gleichen Rollen. Wie im Theater oder Kabarett gibt es auch in der Politik gute und schlechte Darsteller. Dass man sie hier und da mal auswechselt, gehört zum Wesen des Theaters wie der Demokratie. Die Parteien spielen dabei die Rolle von konkurrierenden Besetzungsbüros. Sie schlagen den Wählern den Kandidaten vor, von dem sich vor allem die, die ihn gewählt haben, meist schon kurz nach der Wahl dann enttäuscht wieder abwenden, nur weil er nicht hält, was er versprochen hat. Dass ein Kandidat nach der Wahl anders spricht als vor der Wahl, haben zwar alle vorher gewusst. Das hindert sie aber nicht, ihm das nachher vorzuwerfen. Der Mut zur Lüge gehört zum erfolgreichen Wahlkampf, weil in der Angst vor der Wahrheit ein großes Wählerpotenzial steckt.

Wie im Theater kommt es auch in der Politik immer mal wieder zu ausgesprochenen Fehlbesetzungen. Und der ganze Wahlkampf dient nicht selten nur dazu, die eine Fehlbesetzung durch die andere zu ersetzen.

Im Gegensatz zum Normalbürger freut man sich als Kabarettist über fast jede Fehlbesetzung. Sechzehn Jahre Kohl waren eine sichere Bank für deutsche Kabarettsatire. Schröder und Fischer konnten ihn nie wirklich ersetzen, und Scharping wurde viel zu früh aus dem politischen

Verkehr gezogen, um im Kabarett bleibende Spuren zu hinterlassen. Vom kabarettistischen Standpunkt aus wäre Stoiber eine Idealbesetzung im Kanzleramt gewesen. So aber muss er sich – wie wir uns – damit abfinden, dass er voraussichtlich nur in die bayerische Kabarettgeschichte eingehen wird.

Welche Hoffnungen setzt unsereins nun in das politische Personal, das uns nach dem 18. September regieren wird? Die Aussichten sind für Kabarettisten so schlecht nicht wie für den Rest der Bevölkerung. Wenn der Wahlkampf nicht täuscht, kommt da viel Komisches auf uns zu, auch wenn oder gerade weil die große Mehrheit wenig zu lachen haben wird. Von Angela Merkel wissen wir bereits, dass es sich diesmal um eine Schicksalswahl handelt. Wir werden unser Schicksal also genau im Auge behalten müssen.

Die Noch-Kandidatin und Höchstwahrscheinlich-Kanzlerin ließ sich bei ihren zahlreichen Wahlkampf-auftritten auf dem flachen Lande widerspruchslos als ehrlichste Politikerin Deutschlands ankündigen. Sie hat sozusagen andere für sich lügen lassen. Und das geht in Ordnung. Zu einem ehrlichen Wahlkampf gehört nun mal lügen und lügen lassen. Wer das bestreitet, lügt bestimmt nicht zum ersten Mal.

Bei ihren nicht minder zahlreichen Wahlkampf-auftritten im Fernsehen versuchte Angela Merkel im-mer wieder mit ehrlichem Augenaufschlag zu punkten, wenn sie sich im Dickicht von Steuer-, Renten- und Gesundheitspolitik ein wenig verirrt hatte. Oder wenn sie sich ganz unvorbereitet vor die Wahl zwischen brutto und netto gestellt sah. Ihr ehrlicher Augenaufschlag bei der immer wieder gestellten Frage, wie sie die Lage auf dem Arbeitsmarkt grundlegend verändern wolle, sagte zwar: »Ich weiß es doch auch nicht.« Aber was sie aus dem Munde sprach, hörte sich anders an. Nicht halb so ehrlich. Wie sollte es auch? Welcher Wähler möchte die eigene Ratlosigkeit bei der Kanzlerkandidatin seiner Wahl wiederfinden? Und wir wissen schließlich alle, so ehrlich, wie die Merkel guckt, kann sie nach so einer steilen Karriere gar nicht mehr sein. Ehrlichkeit von einem Politiker ausgerechnet im Wahlkampf zu verlangen, das heißt, vom Schnaps erwarten, dass er einen nicht besoffen macht.

Dass Schröder noch unehrlicher ist als sie, das glaube ich der Merkel aufs Wort. Der belügt nicht nur seine Wähler, sondern auch sich selbst, wenn er bis zur letzten Minute behauptet, die Wahl noch mal gewinnen zu können. Trotzdem wirkt er beim offensichtlichen Lügen doch meist sympathischer, auf jeden Fall souveräner als die Merkel beim nicht ganz so offensichtlichen Ehrlichsein. Die unausgesprochene Frage in ihrem Gesicht lautet zwar immer wieder: »Können diese Augen lügen?« Aber natürlich können sie das. Ihr weniger ehrlicher Mund jedenfalls straft ihre ehrlichen Augen immer wieder Lügen. Oder ist es schlimmer – lügt sie gar nicht, sondern weiß sie es einfach nicht besser?

Dass manche Beobachter sie beim großen Fernsehduell im Nachhinein sogar zur Siegerin erklärt haben, haben sie damit begründet, dass die Merkel weit weniger schlecht als erwartet abgeschnitten habe, weil Schröder nicht ganz so gut abgeschnitten hat, wie alle erwartet hatten. Ihr Sieg bestand also darin, dass sie nicht ganz so hoch verloren hat, wie zu erwarten war. Solche Siege haben wir in der DDR jahrzehntelang errungen und am Schluss eben doch verloren. Um einen alten DDR-Witz zu variieren – Frau Merkel belegte beim Fernsehduell einen hervorragenden zweiten Platz, während Schröder nur Vorletzter wurde.

(2008/09)

Der Staat bist du

Angela, unsre Kanzlerin,
wir knien in Ehrfurcht vor dir hin.
Dein weiches Haar, dein frommer Blick
brach schon so manchem das Genick.
Du bist die eiserne Jeanne d'Arc –
Angela aus der Uckermark.
Dein Weg nach oben war so steil –
du bist nicht schön, doch Macht ist geil.

Dir reicht der ganze Sarkozy,
auch wenn er steht, nur bis ans Knie.
Italiens großer Silvio
kneift dir begeistert in den Po.
Der Papst in seinem Petersdom
hat Angst, du stürzt auch ihn vom Thron.
Der liebe Gott schuf dich als Queen –
du Fräuleinwunder aus Templin.

Angela, eiserne Jeanne d'Arc,
Miss Marple aus der Uckermark,
da draußen bist du Domina,

bloß hier zu Hause gar nicht da.
Gibt's ein Problem, hältst du dich raus
und sitzt es wie einst Helmut aus.
Stellt Ackermann dir mal ein Bein,
dann lädst du ihn zum Essen ein.
Die gute, alte SPD –
sie schmilzt von selbst wie nasser Schnee.
Du hast ja immer nur gesiegt,
weil man dich nicht zu fassen kriegt.
Doch hält in deinem Dauerlauf
dich weder Ochs noch Esel auf.
Du machst gar keine Politik.
Du bist die Bundesrepublik.

(2008/09)

Als Widerstand noch Sinn hatte

Man müsste sich mal wieder richtig streiten
wie damals in den schlimmen Zeiten,
als es noch gefährlich war,
wenn man allzu ehrlich war
oder quer zu denken wagte
als man noch überlegte, eh' man etwas sagte.
Als noch Mut dazu gehörte,
wenn man die Friedhofsruhe störte.
Als man sich noch den Luxusglauben gönnte,
dass man mit Reden etwas ändern könnte.
Wo sind die Zeiten dahin,
als man noch glaubte, Widerstand hat Sinn?

Heut ist, wo einst Beton war, nur noch Watte.
Heut geht's um Schnäppchen und Rabatte.
Keiner fragt nach Sein und Sinn.
Heut zählt nur der Reingewinn.
Statt der Dichter und der Denker
bestimmen unser Denken heut Investmentbanker.
Nicht Karl Marx, nur Adam Riese
führt als Prophet uns aus der Krise.
Wer fragt da noch nach Sinn und Idealen
in unsrer freien Welt der freien Zahlen?
Wo sind die Zeiten dahin,
als man noch glaubte, Widerstand hat Sinn?

Wozu noch reden, wenn die Zahlen sprechen?
Auch wer sich aufregt, muss ja blechen.
Wo der Markt den Kurs diktiert,
ist es wurscht, wer grad regiert.
Wenn die Banker sich verzocken,
dann springen auch die Linken aus den roten Socken,
und retten Banken aus Ruinen,
damit sie weiter gut verdienen.
Und keiner kommt auch nur auf den Gedanken,
das Volk zu retten vor den kranken Banken.
Wo sind die Zeiten dahin,
als man noch glaubte, Widerstand hat Sinn?

(2009)

Was bleibt übrig

Was bleibt übrig von den Großen,
wenn sie auf die Nachwelt stoßen?
Mit dem Tod sind meist gestorben,
die ein hohes Amt erworben.
Tote Kaiser sind ein Schmarren.
Man erinnert sich der Narren.
Heine blieb als Dichter leben.
Kohl wird's als Roulade geben.
Auch von Guttenberg bleibt wenig
als Baron und Schönheitskönig.

Von Radetzky blieb ein Marsch nur.
Goethes Götz blieb uns am Arsch nur.
Wallenstein kennt Lieschen Müller
nur als Titelheld von Schiller.
Pückler ist zu Eis geraten
und Chateaubriand zum Braten.
Mozart blieb als Virtuose,
von Trittin blieb nur die Dose.
Bismarck blieb uns noch als Hering.
Doch was blieb von Müntefering?
Gorbatschow, der klare Starke
ist nur noch 'ne Wodkamarke.
Cäsar wurde Hundename.
Und was blieb von jener Dame
Pompadour mehr als die Tasche?
Vom Marxismus blieb nur Asche.
Von Columbus kennt man noch die Eier.
Doch von Stoiber weiß man nur – ein Bayer.

Von den Herrschern bleiben höchstens Daten,
denn zum Glück vergisst man ihre Taten.
Im Vergleich zu Bach sind's Würstchen,
die regierthabenden Fürstchen.
Was wär' denn von Lear geblieben,
hätt' ihn Shakespeare nicht geschrieben?
Westerwelle, diesen Schlichten,
würd' ein Shakespeare nie bedichten.

Wer kennt morgen noch Frau Merkel
oder Roland Koch, das Ferkel?
Auch vom FDP-Mann Niebel
weiß man nur, er ist von Übel.
Brüderle, das Schwätzerlieschen,
Claudia Roth, das Tränendrüschen –
unsre ganze Staatsnoblesse
taugt grad für die Tagespresse.
Lohnt es sich denn noch zu lästern?
Die von heute sind von gestern.
All die Großen, die sich spreizen,
sind nur Spreu. Wo ist der Weizen?

In Paris heißt das Genie heutzutage Sarkozy.
Berlusconi – Scheibenkleister!
Überall nur kleine Geister,
kleine Würstchen, kleine Esser!
Das Niveau ist nirgends besser.
Nein, es lohnt nicht auszuwandern –
Deutschland, Deutschland wie die andern.
Hurra! Hurra! Hurra! Hurra!

(1. Fassung 1993/letzte Fassung 2010)

Wir danken für die freundliche Genehmigung zum Abdruck:

»Wieso die Leute über mich lachen«; »Wieso man uns alles erklären
konnte«; »Wieso ich lieber blauäugig bin als blind«; »Neujahrsanspra-
che« aus: Peter Ensikat, Ab jetzt geb' ich nichts mehr zu. Nachrichten
aus den neuen Ostprovinzen
© 1993 by Kindler Verlag GmbH, München

»Was ich noch vergessen wollte«; »Wem gehört die vierte Macht im
Staat?«; »Wann ist die Geschichte zu Ende?«; »Politik auf dem Laufsteg«; »Vom Gebrauchswert des Menschen«
aus: Peter Ensikat, Was ich noch vergessen wollte
© 2000 Karl Blessing Verlag, München, in der Verlagsgruppe Random
House GmbH

»Wenn wir erst alle Rentner sind«
aus: Peter Ensikat, Das Schönste am Gedächtnis sind die Lücken
© 2005 Karl Blessing Verlag, München, in der Verlagsgruppe Random
House GmbH

ISBN 978-3-359-02270-1

© 2010 Eulenspiegel Verlag, Berlin
Umschlaggestaltung: Verlag unter Verwendung
eines Fotos von picture alliance
Druck und Bindung: CPI Moravia Books GmbH

Ein Verlagsverzeichnis schicken wir Ihnen gern:
Eulenspiegel · Das Neue Berlin Verlagsgesellschaft mbH & Co. KG
Neue Grünstr. 18, 10179 Berlin
Tel. 01805/30 99 99
(0,14 €/Min., Mobil max. 0,42 €/Min.)

Die Bücher des Eulenspiegel Verlages erscheinen
in der Eulenspiegel Verlagsgruppe.

www.eulenspiegel-verlag.de